Jan Eik
Schaurige Geschichten aus Berlin

Jan Eik

Schaurige Geschichten aus Berlin

Die dunklen Geheimnisse der Stadt

Jaron Verlag

Erweiterte und aktualisierte Neuausgabe
3. Auflage dieser Ausgabe 2018
© 2003–2013 Jaron Verlag GmbH, Berlin

www.jaron-verlag.de
Umschlaggestaltung: Bauer+Möhring, Berlin, unter Verwendung
einer historischen Abbildung (Flugblatt zur Hinrichtung
des »Hofjuden« Lippold, 1573, Ausschnitt)
Satz: Pinkuin Satz und Datentechnik, Berlin
Druck und Bindung: CPI books GmbH, Leck

ISBN 978-3-89773-707-5

Inhalt

Vorwort zur Neuausgabe

Berlin ist sicherlich keine üblere Großstadt als andere Metropolen dieser Welt. Und trotz der Unmenschlichkeit der NS-Zeit gelten noch immer die »Goldenen Zwanziger« als Gradmesser für die dunklen Seiten der Stadt. Wer heute jedoch nach dem Berliner Verbrecherviertel sucht, »das sich zwischen Alexanderplatz und Schlesischem Bahnhof erstreckt«, wie Hardy Worm 1924 berichtete, erlebt eine herbe Enttäuschung. Dort langweilt eine der eintönigsten Gegenden der Stadt, gesichts- und kneipenlos, von Auto-Pisten zerschnitten und begrenzt.

Wo Berlin gegenwärtig schaurig ist, mag der Mutige selbst herausfinden. Wir wenden uns nach der guten alten Zeit, als es in der Stadt angeblich noch »richtich jemietlich zujing«, auch den schwerlich zu übertreffenden Schrecknissen des 20. Jahrhunderts zu. Versprochen ist ein Ausflug an die schaurigen Orte einer barbarischen Justiz, der Unruhen und der Katastrophen, die Berlin erschütterten, wo leicht zu erregende Bürger und despotische Fürsten, Hexen, Huren, Henker, stöhnende Mönche, weiße Frauen, Brandstifter, attentäterische Bürgermeister, pädophile Konditormeister und Polizeipräsidenten mancherlei Couleur neben gewöhnlichen und politischen Verbrechern, Tunnelgangstern und Serienmördern zu Hause waren und sind.

Der Verfasser hat wie alle seine Vorgänger aus alten und neueren Quellen geschöpft, die er der bildhaften Sprache wegen gerne zitiert. Wundern Sie sich nicht, wenn Sie die eine oder andere Geschichte in abweichender Fassung lesen oder gehört haben. Für manches gilt ohnehin der alte Berliner

Spruch: »Wer't jloobt, wird selich, wer't nich jloobt, kommt ooch in' Himmel.«

Dass die »Schaurigen Geschichten« fünfzehn Jahre nach der Erstauflage in einer aktualisierten Fassung neu erscheinen, verdankt der erfreute Autor ausschließlich dem anhaltenden Interesse der Leser, die wahrscheinlich gerne erfahren, dass es in Berlin schon immer so zuging, wie es eben zugeht.

Rund um die Marienkirche

Totentanz und Sühnekreuz

Die Berliner gelten von jeher als ein unruhiges und unzufriedenes Volk. Sie selber behaupten natürlich, dass erst die Zugewanderten Unruhe in die teils sandige, teils sumpfige Wüstenei der Schwesterstädte Berlin und Cölln brachten. Andererseits – was wäre aus Berlin (die Insel Cölln immer einbezogen) ohne die Neuankömmlinge aus allen Teilen des Reiches, aus Holland, Frankreich und der Schweiz, aus Polen, Litauen und Böhmen geworden? Nichts. Nicht einmal eine Millionenstadt – und die war Berlin schon am Ende des 19. Jahrhunderts – reproduziert ihre Einwohnerschaft aus eigenen Ressourcen. Wer weiß heute noch, dass um 1860 zu den 19 Millionen Preußen auch 2,5 Millionen Einwohner nichtdeutscher Nationalität zählten? Daran mussten sich die Berliner gewöhnen, die den wendischen Ureinwohnern der umgebenden Mark nicht einmal das Bürgerrecht eingeräumt hatten. Bürger konnte nur werden, wer zum städtischen deutschen, zum Teil adligen Patriziat und – eine Stufe niedriger – zu den Handwerksmeistern, Kaufleuten und anderen Besserverdienenden gehörte.

Auf jeden Fall waren die alten Berliner fromm und gottesfürchtig. Beides wiederum nicht allzu sehr. Fromm genug immerhin, um zu Ehren Gottes hohe Kirchen zu bauen, viel höher als jedes bürgerliche oder adlige Haus und vollständig aus Stein, während man selber in hölzernen oder Lehmfachwerk-Bauten hauste. Von diesen zumindest in hygienischer Hinsicht wahrhaft schaurigen Baulichkeiten ist keine mehr zu finden in der Stadt. Die Kirchen aber stehen noch, soweit sie nicht durch Feuers- oder Kriegsbrunst und Abriss vernichtet wurden, wie mehrfach die Cöllnische Petrikirche, über deren Standort und einstigen Kirchhof sich heute der Verkehr zwischen Mühlendamm und Gertraudenbrücke zehnspurig ergießt. Aber das soll sich – wie so vieles in Berlin – bald wieder ändern.

Fliegende Baumeister und Chorknaben

Die ältesten Berliner Kirchen sind die Nikolai- und die Marienkirche. In der Marienkirche entdeckte man 1860 eine Wandmalerei aus der Pestzeit um 1485, einen 22 Meter langen Totentanz. Seltsamerweise aber erinnern die Berliner Sagen und Geschichten, die sich um das Bauwerk ranken, mit keinem Wort an diesen schaurigen Zug, sondern vielmehr an das unscheinbare Steinkreuz, das links neben dem Eingang der Kirche steht. Da soll beispielsweise ein braver Dachdecker abgestürzt sein, an den das Kreuz erinnert. Vielleicht aber auch an den Baumeister, der sich mit dem Teufel einließ, um diese besonders schöne Kirche zu errichten. Als Beelzebub sich am Tag der Fertigstellung die versprochene Seele abholen wollte, stand der Baumeister auf dem Turm und sprach ein Dankgebet. Da verlor der Teufel seine Macht über ihn und stieß ihn voller Wut vom Turm. Ein Windstoß erfasste jedoch seinen weiten Mantel, so dass er sanft herabschwebte und unverletzt unten ankam. Zum Dank ließ er das Kreuz errichten.

Dieses Kreuz beschäftigte die Berliner in geradezu verdächtiger Weise; als Grund für seine Errichtung wurden vielerlei Geschichten erfunden, in denen der Teufelspakt des

Baumeisters häufig eine Rolle spielt. Nach einer anderen, zumindest in der Einleitung recht realistischen Version soll der Meister die Baugelder beim Kartenspiel verloren und deshalb den Pakt geschlossen haben. Der Teufel gab ihm das Geld unter der Bedingung, dass ein absichtlicher Fehler beim Bau der Gewölbe am Einweihungstag zu deren Zusammensturz führe. Der Baumeister, oberschlau wie manche Leute sich nun einmal dünken, wollte den Teufel übers Ohr hauen und vermied jeden Fehler. Satanas lauerte ihm nach der Einweihung hinter dem Kirchenportal auf, griff sich den Wortbrüchigen und drehte ihm den Hals um. Zum Andenken an den getreuen Baumeister stifteten die dankbaren Berliner das Kreuz.

Oder geht es doch gar nicht um den Baumeister? Vielleicht gilt das Kreuz dem Zinkenbläser, der am ersten Sonntag nach der Vollendung der Kirche auf den Turm stieg und dort oben ein Lied zur Ehre Gottes blies. Den Teufel ärgerte das fromme Lied so sehr, dass er den Musikanten vom Turm stieß. Da blähte ein Windstoß dessen Mantel auf … Den Rest kennen wir vom Baumeister.

Von besonderem Einfallsreichtum zeugt die Fassung mit den drei hungrigen Chorknaben, die aus ganz irdischen Gründen auf den Turm stiegen, um Krähen- oder Dohlennester auszunehmen. Sie legten ein Brett aus der Turmluke, auf dem der eine mit einem Körbchen hinauskroch, während die beiden anderen als Gegengewicht im Turm hockten.

Die Eiersammlung muss sich gelohnt haben, denn unversehens gerieten die drei in Streit über die Aufteilung der Beute. Der mutige Eierdieb beanspruchte die Hälfte, die Bretthalter verlangten je ein Drittel, und um ihre Macht zu demonstrieren, sprangen sie vom Brett. Der aushäusige Knabe stürzte samt Brett in die Tiefe, segelte aber dank seines weiten Chorhemdes so sanft zu Boden, dass nicht einmal die Eier im Körbchen Schaden nahmen.

So weit die Sagen um das Steinkreuz. In Wahrheit hatten die alten Berliner mehr zu verstecken, als unter das Mäntelchen eines nesträuberischen Chorknaben passt. Im 14. Jahrhundert dräute der Kirchenbann über der Stadt, und daran waren deren ach so fromme Bewohner ausnahmsweise selber schuld. Zwischen den Einwohnern der Doppelstadt und ihren geistlichen Herren und Hirten bestand nie ein besonders inniges Verhältnis, die Berliner (die Cöllner immer stillschweigend eingeschlossen) hassten »der Pfaffen Gierigkeit und Unkeuschheit« und liefen nicht von ungefähr 200 Jahre später spornstreichs zu Luther über.

Propst Nikolaus

Das Ereignis, von dem das schlichte Steinkreuz neben dem Kirchenportal noch heute zeugt, hatte für damalige Verhältnisse einen weltpolitischen Hintergrund. Die in jenen Jahren im Babylonischen Exil in Avignon residierenden Päpste mischten sich schon damals gerne in die deutsche Innenpolitik ein und versuchten, Könige und Kaiser nach ihrem Gusto einzusetzen. Jakob de Oza, der sich 1316 selbst zum Papst Johannes XXII. ernannt hatte, wollte Friedrich den Schönen aus dem Hause Österreich zum deutschen König machen, während die deutschen Fürsten und die Bürger in den Städten den späteren Kaiser Ludwig von Bayern bevorzugten. Ludwig belehnte nach dem Tod des letzten askanischen Markgrafen Woldemar seinen achtjährigen Sohn mit der herrenlosen Mark Brandenburg. Der Heilige Vater hingegen sprach die

Mark, die ihm nicht gehörte, dem Herzog Rudolf von Sachsen zu und verbot bei Androhung des Kirchenbanns allen märkischen Untertanen, einem anderen Landesherrn zu gehorchen. Der Berliner Rat ergab sich 1321 wahrscheinlich nicht ganz freiwillig dem mit den Askaniern verwandten Rudolf, »dem aber ein großer Teil der Bürgerschaft nicht geneigt gewesen zu sein scheint«.

Der Papst beließ es nicht bei drohenden Worten, sondern schickte 1325 den als Königshasser bekannten Bischof Stephan von Lebus zusammen mit Propst Nikolaus Cyriakus von Bernau zum Polenkönig, um ihn zu überreden, in die Neumark einzufallen, was der brave Katholik prompt tat. Als Propst Nikolaus anschließend seinen Berliner Amtsbruder Propst Eberhard besuchte, war er darauf aus, auch den Berliner Rat im Sinne der Kirche und gegen das markgräfliche Kind Ludwig zu beeinflussen. Derlei Einmischung schätzten die Berliner nicht. Als Nikolaus sich in einer donnernden Predigt in der Marienkirche auch noch drohend für die Zahlung des Peterspfennigs starkmachte, lehnte er sich, wie man heute sagen würde, entschieden zu weit aus dem Fenster. Gleich nach der Predigt fielen die aufgebrachten Pfarrkinder mit Knüppeln über ihn her, erschlugen ihn auf der Stelle und verbrannten den Leichnam vor der Kirche auf dem Neuen Markt.

Berlin und Cölln hatten durch den daraufhin vom Magdeburger Erzbischof verhängten Bann »viel Verdrießlichkeit und Kosten zu erleiden«: Die Glocken verstummten, und die Kirchen blieben geschlossen, es fanden keine Taufen und Eheschließungen statt, den Sterbenden blieb die Letzte Ölung versagt. Da auch der Umgang mit den Gebannten verboten war und viele Kaufleute die Städte mieden, stockten Handel und Gewerbe. Nur die grauen Franziskaner in ihrem

Berliner Kloster fügten sich nicht dem erzbischöflichen Interdikt, »dessen sich die Geistlichkeit, besonders der Bischof von Brandenburg bediente, die Städte auf schändlichste Art ums Geld zu bringen«. Der Bischof nahm 750 Mark Silber als Buße entgegen, verzettelte aber unter dem Vorwand, eine päpstliche Bulle wäre notwendig, die Sache bis 1345, indem er alle Bürger einzeln nach Brandenburg zitieren und jeden für die Absolution bezahlen ließ. Erst nachdem der Propst Gerwin zu Bernau und der Bruder des Erschlagenen mit beträchtlichen Summen abgefunden waren, erteilte er endlich 1347 die völlige Absolution. Der Vertrag forderte neben einem Altar in der Marienkirche ein mit einer ewigen Lampe versehenes Sühnekreuz von zwölf Fuß Höhe am Ort der Untat, etwa an der heutigen Ecke Spandauer-/Karl-Liebknecht-Straße, beim sogenannten »Lampenschmied«.

Das heutige Kreuz neben dem Kirchenportal misst kaum vier Fuß Höhe. Man nimmt an, dass es sich um eine spätere Replik des – vermutlich hölzernen – Originals handelt, das 1726 der Bebauung der Spandauer Straße weichen musste. Seitdem steht das Steinkreuz auf einem niedrigen Sockel am heutigen Platz.

Die Hohenzollern und
ihr Schlossgespenst

Der Grüne Hut und die Eiserne Jungfrau

500 Jahre hat sie in Cölln an der Spree gestanden, die Zwing-
burg der Hohenzollern, deren Geschichte im Jahre 1448 mit
einer vorsätzlichen Flutung der Baugrube begann. Doch nütz-
te aller Aufruhr den Bürgern nichts – wie so oft in der Berliner
Geschichte. Kaum drei Jahre später zog der eiserne Kurfürst
Friedrich II. (nicht zu verwechseln mit seinem Nachfahren,
dem gleichnamigen preußischen König Friedrich II.) auf der
Burg ein.

Für die Berliner blieb das Gemäuer ein schauerlicher Ort.
Stand doch an der Spreeseite bis zum Abriss des Schlosses im
Jahre 1950 als einziger Rest der alten Burg ein kleiner Turm
mit spitzem, von Grünspan schimmerndem Kupferdach.
Der Grüne Hut diente bis 1648 als Gefängnis für das angeb-
lich heimliche Gericht der Hohenzollern, und ganz unten im
Turm stand die Eiserne Jungfrau: eine Frauengestalt aus Eisen, die weitgeöffneten Arme als Schwerter ausgebildet, der
Leib links und rechts mit Messern versehen. War nun jemand
zum Tode verurteilt, so musste er auf eine steinerne Platte
dicht vor die Jungfrau hintreten und sie küssen. Durch ein
Räderwerk schlossen sich die Arme, pressten ihn gegen die
Messer und zerschnitten seinen Körper. Eine Klappe öffnete
sich, der zerstückelte Leichnam fiel in die Spree und diente
dort den Fischen und Krebsen als Nahrung.

Die Jungfrau war wohl in Wahrheit eine aufklappbare
Maschine mit Dornen zum Peinigen durch quälenden Druck,

die noch 1718 im Inventarverzeichnis des Gefängnisses im Stadthof vom Magistrat aufgeführt wurde. Ob sie der Große Kurfürst, der in seinem Schloss kein Gefängnis dulden wollte, beim Umbau des Grünen Huts 1648 in die Stadtvogtei neben dem damaligen Dom umsetzen ließ, ist nicht bekannt.

Die Weiße Frau – Gräfin von Orlamünde

Noch berüchtigter als die unheimliche Eiserne Jungfrau war unter den Schaurigkeiten Berlins ein anderes weibliches Wesen, dessen Geschichte untrennbar mit dem Hohenzollernschloss verbunden ist: die Weiße Frau.

Nach älteren Quellen soll es sich bei dieser Dame um die verwitwete Gräfin Kunigunde von Orlamünde-Plassenburg gehandelt haben, die in Liebe zu dem Nürnberger Burggrafen Albrecht dem Schönen entbrannt war, der sich jedoch zurückhielt. »Gern wollt ich dem schönen Weib mich zuwenden«, soll er geäußert haben, »wenn nicht vier Augen wären« – womit er seine Eltern meinte. Die verliebte Gräfin bezog den Ausspruch auf ihre beiden Kinder und beschloss, sie zu töten, indem sie ihnen mit einer goldenen Nadel ins Hirn stach. Nach anderen Quellen beauftragte sie ihren Bediensteten Hayder mit dem Mord.

Natürlich wandte sich der Burggraf nun vollends von ihr ab und heiratete eine andere. Viel zu spät bereute die Gräfin ihr scheußliches Verbrechen, unternahm eine Pilgerfahrt nach Rom, stiftete das Kloster Himmelsthron und verbrachte dort den Rest ihrer Tage mit Bußübungen. Im nahen Kloster Himmelskron bewahrte man noch im 17. Jahrhundert die angeblichen Gebeine der beiden Kinder auf, bevor sie infolge häufigen Vorzeigens zu zerfallen drohten und in einer steinernen Truhe bestattet wurden. Kein Wunder, dass die Mörderin nicht einmal nach ihrem Tode Ruhe fand und »als weiße Frau umgehen muss, bis ihre Zeit erfüllt ist«.

Den Geist der Gräfin von O. zeichnete nach ihrem Tode eine gewisse Reiselust aus. 1486 trat sie als Weiße Frau erstmalig im alten Schloss zu Bayreuth auf und wurde zwei Jahre später in den düsteren Gängen und Gewölben der Plassenburg gesichtet. 1540 stellte der dortige Schlossherr Markgraf Albrecht Alkibiades das Gespenst und warf es die steile Wendeltreppe hinunter. Unten lag sein Kanzler Christoph Straß mit gebrochenem Genick ...

Die Weiße Frau – die schöne Gießerin

Wen wundert es, dass die echte Weiße Frau daraufhin den beschwerlichen Weg nach Berlin wählte, um sich ausgerechnet im Schloss der zahlreichen Ururgroßnachkommen ihres einst Angebeteten festzusetzen? Im Cöllner Schloss ist ihr Auftreten seit 1598 bezeugt. Da allerdings war sich alle Welt einig, dass es sich nicht um die längst vergessene Gräfin von Orlamünde handelte, sondern um die schöne Gießerin Anna Sydow, Witwe des Artilleriehauptmanns und Stückgießers Matthias Dieterich aus Burgund. Sie war die langjährige Favoritin des Kurfürsten Joachim II., der sie mehr liebte »als alle seine anderen Gespielinnen, von seiner angetrauten Ehefrau gar nicht zu reden«. Sie begleitete Joachim auf allen Reisen und Jagden und spielte auch sonst gerne die Landesmutter.

Mindestens zwei Kinder gingen aus dieser Verbindung hervor. Der Tochter Magdalena von Brandenburg verlieh der

Vater den Titel einer Gräfin von Arneburg und sorgte sich sehr um ihre Aussteuer.

Joachim Hektor trat 1539 entgegen seinem dem frommen und fruchtbaren Vater geleisteten feierlichen Eid zum Luthertum über. Ohnehin war ja ein Hohenzoller, Joachim Nestors Bruder Albrecht nämlich, Schuld an der Reformation. Der hatte sich bereits als 24-Jähriger zum jüngsten Erzbischof von Magdeburg und Kurfürsten von Mainz emporgekauft. Die Augsburger Fugger liehen ihm das Geld dafür. Damit er es zurückzahlen konnte, privilegierte der Papst Albrecht zum Ablasshandel, unter der Bedingung, dass die Hälfte der Einnahmen für den Bau des Petersdoms nach Rom floss. Der nicht sonderlich fromme Erzbischof holte den wegen Ehebruchs zum Tode durch Ersäufen verurteilten und vom Sachsenherzog zu ewiger Haft begnadigten Dominikaner Tetzel aus dem Grimmaischen Turm zu Leipzig und ernannte ihn zum »Untersuchungsrichter der ketzerischen Entstellungen« und zum obersten Ablasskrämer. War es ein Wunder, dass sich der Doktor Luther in Wittenberg gegen Tetzels freches Gebaren empörte und die halbe Christenheit aufschrie? Erzbischof Albrechts und Joachim Nestors Vetter Markgraf Albrecht von Hohenzollern, letzter und jüngster Hochmeister des Deutschritterordens, war 1525 der erste Herrscher, der die neue Religion in seinem eben vom Polenkönig gelehnten Herzogtum Preußen zur Staatsreligion erhob.

Joachim sorgte sich nicht nur um seine uneheliche Tochter Magdalena und um die drei Kinder der Anna Sydow aus deren erster Ehe. Mit Recht misstraute er vor allem seinem ältesten Sohn Johann Georg. Am Sonnabend nach Pfingsten 1561 ließ er diesen in Zechlin eine Urkunde ausstellen, in der Johann Georg Folgendes versicherte:

Unsre liebe getreue Anna Sydows ... jederzeit schützen hand-
haben und vertheidigen ... Wir nehmen sie samt Kindern Haab
und Gütern in Unsern sonderlichen Schutz, und versprechen
auch alles wie obstehet, und Wir solches Unserm Herrn und
Vater mit Hand und Mund angelobet haben ...

Kaum aber war der Herr und Vater nach einer Wolfsjagd in der
Nacht zum 3. Januar 1571 im Jagdschloss Köpenick verblichen,
ließ der wortbrüchige Sohn die Sydow verhaften, aller ihrer
Güter und Kleinodien berauben und auf die Festung Spandau
bringen, »wo sie bis an ihren Tod (im Jahre 1575) sehr hart gehalten worden sein soll«.

Die durch Joachims Prunksucht und Mätressenwirtschaft
verarmten Landeskinder sahen darin eine durchaus gerechte
Strafe. Neben dem kurfürstlichen Münzjuden Lippold war
ihnen die schöne Gießerin am meisten verhasst. Auch aus
der glänzenden Aussteuer der mit einem Grafen von Eber-
stein verlobten Tochter Magdalena wurde nichts. Johann
Georg fragte seinen verkrüppelten Schreiber Andreas Kohl
mit herbem Spott: »Willst du mein Schwager werden?« Der
lehnte nicht ab. Nach Kohls Tod lebte die kurfürstliche Halb-
schwester als bürgerliche Witwe in Berlin.

Sosehr das Volk die Gießerin verabscheute, verknüpfte
es ihr Schicksal dennoch mit der Sage von der Weißen Frau,
»die seit Jahrhunderten im Schloss zu Cölln umgeht und sich
vor jedem Todesfall in der Hohenzollern-Familie zeigt«. Zu
ihrer Zeit eine berühmte Schönheit, avancierte Anna Sydow
23 Jahre nach ihrem Tode zum berühmtesten Gespenst Brandenburg-Preußens. Sie fände, so behauptete der Volksglaube,
in Spandau keine Ruhe, ja, sie sei in Wahrheit im Jagdschloss
Grunewald unter der Treppe eingemauert worden. Selbst in

einem Privatgebäude in Charlottenburg ginge sie um. Man bemerke dort im Trauerzimmer eine sanfte Erschütterung, die silbernen Wände würden von einer unsichtbaren Macht in einer lebhaften hellgrünen Farbe erleuchtet, süße, harmonische Töne vermischten sich zu einer fröhlichen Melodie ...

Die Weiße Frau war kein fürchterliches Gespenst. Lautlos schwebte sie dahin und erfüllte die ihr vom Schicksal zugedachte Aufgabe, die Todesbotin der Hohenzollern zu sein.

Zum ersten Mal zeigte sich die weiße Gestalt in Cölln 1598, acht Tage vor dem Tod des 73-jährigen Johann Georg, dem Anna Sydow ihr bitteres Ende verdankte. Kurfürst Johann Georg war der fruchtbarste aller Hohenzollernherrscher, deren 20 es auf immerhin 165 anerkannte Nachkommen brachten. Das letzte von Johann Georgs 23 Kindern wurde erst nach dem Tod des Vaters geboren.

Auch vor dem Ableben von Johann Georgs Enkel, dem abergläubischen Kurfürsten Johann Sigismund, geisterte das Gespenst herum: »Dies, der Wein und dunkle Gedanken veranlassten den Zermürbten, die Regierung seinem Ältesten zu übergeben und das bessere Jenseits aufzusuchen ...«

Es half nicht, dass Johann Sigismund aus Furcht vor der Weißen Frau ins Haus seines Kämmerers Anton Freytag an der Langen Brücke zog – er hatte nur noch sechs Wochen zu leben.

Die Weiße Frau wird aktenkundig

Mit der Leichenrede des Dompredigers Berger von 1619 geriet das Gespenst in die schriftlichen Annalen des Hauses Hohenzollern:

Es hat sich die Weiße Frau in leidtragender Gestalt auf dem Churfürstlichen Schlosse sehen lassen vor Personen allerhand Standes und Alters, daß also an ihrer Erscheinung nicht zu zweifeln ist.

Aus dem 17. Jahrhundert stammen die meisten Meldungen über das Gespenst, das sich gewöhnlich ruhig und anständig benahm. Nur wenn man sie durch frechen Übermut reizte, wurde die Dame zornig. Ein hoher Kavalier erzählte, dass er bei Ihrer kurfürstlichen Durchlaucht einstmals wegen wichtiger Affären ziemlich spät im Gemach gewesen, da sei das weiße Weib in Gestalt einer Beschließerin über den Saal gegangen. Sein Page, aller Warnungen ungeachtet, sei ihr nachgelaufen und habe sie angefasst mit den Worten: »Mutter, wo wollt ihr hin?« Der Vorwitzige bekam mit dem Schlüssel einen solchen Schlag an die Ohren, dass er bewusstlos zu Boden stürzte, während das Gespenst über ihn hinwegschritt. Zitternd wagten sich die anderen hervor und trugen den Pagen in seine Kammer, wo er trotz ärztlicher Bemühungen am dritten Tag den Geist aufgab. Man darf den Satan nicht reizen, schlussfolgerten die Todesmutigen, und so flüchteten sie alle, wenn im Schloss nur entfernt etwas Weißes schimmerte.

Einem schwachen Vater folgt mitunter ein noch schwächerer Sohn: Georg Wilhelm, der nächste Kurfürst, war schon bei seiner Huldigung mit 24 Jahren ein kranker Mann, der an der hohenzollernschen Erbkrankheit litt, einer schweren Wassersucht. Er starb 1640 mit nur 45 Jahren, vermutlich vom eigenen Kanzler Schwarzenberg vergiftet. Die wahre Herrscherin in Berlin blieb bis 1625 seine harte und herrschsüchtige Mutter Anna von Preußen, die älteste der fünf Töchter des Herzogs Albrecht Friedrich der Blödsinnige. Sie brachte den ohnehin nahe verwandten Hohenzollern immerhin das spätere Königreich Preußen als Morgengabe mit. Um den Stammbaum des Hauses Hohenzollern noch unübersichtlicher zu gestalten, heiratete ihre jüngere Schwester Eleonore Johann Sigismunds Vater Joachim Friedrich, starb aber bald darauf.

Kaum fünfzig Jahre später zog eine weitere schaurige Person ins Berliner Schloss ein: die ebenso gescheite wie ehrgeizige und rachsüchtige zweite Gemahlin des blatternarbigen Großen Kurfürsten Friedrich Wilhelm, eine verwitwete Herzogin von Braunschweig-Lüneburg. Die Schwarze Dorothea ging wegen verschiedener unerwarteter Todesfälle und Koliken in der Herrscherfamilie – wahrscheinlich unverdientermaßen – als Giftmischerin in die Geschichte ein. Immerhin starben plötzlich und unerwartet zwei Kurprinzen, und der dritte, überraschend zum Kronprinzen aufgestiegen, hielt sich nach einer höchst unbekömmlichen Tasse Kaffee vorsichtshalber von ihr fern. Dafür stand ihm am Ende seiner Tage noch eine besonders eindrucksvolle Begegnung mit der Weißen Frau bevor.

Ein mutiger Hohenzoller

Etliche Jahre vorher wollte der Oberkämmerer und Saufkumpan des Großen Kurfürsten, Oberst Curt von Burgsdorff, ein trinkfester Mann von unbändiger Stärke, das schleierumwogte Hausgespenst endlich einmal mit eigenen Augen sehen. Er wolle ihm schon Bescheid stoßen!

Wunschgemäß begegnete ihm denn auch, nachdem er eines späten Abends den Kurfürsten zu Bette geleitet hatte, auf einer kleinen Treppe die Weiße Frau. Der erschrockene

Oberst fasste sich und rief mit kerndeutsch-adligem Charme »Du alte sakramentarische Hure, du, hast du noch nicht genug Fürstenblut gesoffen? Willst du noch mehr haben?« und stürmte auf die zarte Gestalt ein. Die aber packte ihn mit unerwarteter Kraft am Kragen und warf ihn die Treppe hinunter. Der Kurfürst hörte es poltern, schickte vorsichtshalber jedoch nur den Kammerpagen hinaus, der dem zerschundenen Burgsdorff auf die Beine half. So mutig waren die Hohenzollern, wenn es darauf ankam.

Die Geschichte ist in verschiedenen Versionen und Datierungen überliefert und wird mitunter Burgsdorffs Bruder, dem Oberstallmeister Ehrenreich von Burgsdorff, zugeschrieben, der ein gleichermaßen großer Saufaus war wie Curt. Auch vor dem Dahinscheiden des Großen Kurfürsten trat die Weiße Frau in Erscheinung und zeigte sich diesmal dem Hofprediger Brunsenius gar am helllichten Tag.

Der Schiefe Fritz und die Mecklenburgische Venus

Irrtümlich wird Burgsdorffs Abenteuer gelegentlich mit dem Sohn des Großen Kurfürsten, Preußens erstem König Friedrich I., in Zusammenhang gebracht. Der Schiefe Fritz, wie er auch genannt wurde, war ein stilles, verwachsenes und dementsprechend gehemmtes Kind mit großem Kopf und auffallend großer Nase. Als Dreißigjähriger trat er 1688 die Nachfolge seines berühmten Vaters an, krönte sich dreizehn Jahre später in Königsberg selbst zum König in Preußen und starb 1713. Friedrich war ein gläubiger Fürst, er glaubte nicht nur an Geister wie die Weiße Frau.

Immerhin wurde Friedrichs Aberglaube belohnt: Brandenburg-Preußens erster König war der einzige Hohenzoller, dem die Weiße Frau vor seinem Tode nicht nur virtuell erschien – was ihn zu Tode erschreckte, hatte er ihr doch ein christliches Begräbnis ausrichten lassen. Im Jahre 1709 fand sich nämlich beim Schlossbau in den Fundamenten der früheren Burg ein eingemauertes schneeweißes weibliches Skelett, von dem Friedrich wie alle anderen glaubte, es sei das der Weißen Frau. Er ließ die Gebeine auf dem Domfriedhof beisetzen. Der süße Trost, er habe dadurch das Gespenst zur Ruhe gebracht, erfüllte sich leider nicht.

Das Unheil geschah ein Jahr nach der Geburt und Taufe seines Enkels Friedrich im Januar 1712. Dieser Friedrich, den die Welt einmal als den Großen kennenlernen sollte, war bereits der dritte Enkel, auf den Preußens erster König seine Hoffnungen setzte. Mit der Kinderpflege haperte es im Berliner Schloss offensichtlich. Der erste Thronfolger überlebte den Lärm der Kanonenschüsse bei seiner Taufe nicht, einem zweiten zerdrückte bei gleicher Gelegenheit die überschwere Goldkrone das Köpfchen. Reichlich Kummer also für den selbst von mannigfaltigen Leiden geplagten Monarchen.

Eines Nachmittags ruhte er in seinem Armsessel, als ihn eine grauenhafte Erscheinung aus dem Schlummer riss. Vor ihm stand eine hohe weiße Gestalt mit wild herabhängenden Haaren, die blutigen nackten Arme und Hände gen Himmel gereckt. Das Weib starrte ihn mit irren Augen an, aus denen der Wahnsinn glühte, und warf sich mit Zetergeheul auf ihn. Schreiend überhäufte sie ihn mit Vorwürfen über sein lasterhaftes Leben, bis ihn eine gnädige Ohnmacht erlöste.

Der Schreck, so wird berichtet, verschlimmerte die Krankheit des 55-jährigen Monarchen. Er wurde zu Bett gebracht und verließ es nicht wieder. »Ich habe die Weiße Frau gesehen, ich werde nicht wieder besser werden!«, klagte er. Seine Krankheit dauerte sechs Wochen. Er fühlte selbst, dass sie tödlich war, aber er wollte nicht glauben, dass jene grauenhafte Erscheinung niemand anderes gewesen sei als seine eigene Gemahlin Sophie Luise von Mecklenburg-Schwerin, genannt die Mecklenburgische Venus. Mit ihr war Fritz seit 1708 in dritter Ehe verheiratet. Die 24-jährige Prinzessin galt keineswegs als besonders sittenstreng, wurde angesichts ihres Ehemanns jedoch zur unerbittlichen Lutheranerin, die sich in Andächtelei vertiefte, »bis endlich über dem Grübeln ihr Verstand sich verwirrte, ihre Vernunft zerrüttet ward«. Diesmal war die Geisteskranke der Bewachung und ihren Hofdamen entkommen, durch eine geschlossene Glastür zu ihrem entsetzten Gemahl vorgedrungen und hatte ihn im wahrsten Sinn des Wortes zu Tode erschreckt.

An Friedrichs Gemahlinnen erinnern heute Stadtteile in Berlin: Zu Ehren der zweiten, Sophie Charlotte, trägt Charlottenburg seinen Namen, nach der Mecklenburgischen Venus sollte die nördliche Vorstadt Berlins Sophienvorstadt heißen. Sophie Charlottes Sohn Friedrich Wilhelm I., Preußens prügelnder Soldatenkönig, setzte durch, dass es bei der Spandauer Vorstadt blieb. Die Spandauische Kirche in der Sophienstraße aber heißt noch heute Sophienkirche.

In Sachen Weiße Frau bewies der unrühmlich bekannte Soldatenkönig allerdings einigen Realitätssinn. Er erwischte das Gespenst beim Hemdzipfel und prügelte es mit seinem Knotenstock unbarmherzig durch. Natürlich hatte er den Richtigen ertappt: einen dreisten Grenadier, der in dieser Verkleidung ungestört zu seiner Angebeteten im Flügel der Hofdamen schweben wollte.

Das Ende der Weißen Frau

Gut hundert Jahre lang blieb es still um die Weiße Frau, obwohl sie angeblich 1786, vor dem Tod des Alten Fritz, und elf Jahre später, vor dem seines Neffen Friedrich Wilhelm II., aufgetaucht sein soll. In der Franzosenzeit unternahm das patriotische Gespenst angeblich eine Tournee nach Bayreuth, wo es beinahe Napoleon erschreckt hätte. Vielleicht schon auf dem Weg dorthin erschien die Weiße Frau im Schloss von Rudolstadt dem Prinzen Louis Ferdinand am Vorabend der Schlacht von Saalfeld im Oktober 1806, in der er prompt den Tod fand.

In Berlin erinnerte man sich erst 1840, als Friedrich Wilhelm III. in seinem 43. Regierungsjahr erkrankte, des treuen Schlossgeistes und der traurigen Bedeutung des Jahres '40 in der Geschichte der Hohenzollern: 1440, 1640 und 1740 waren die jeweils regierenden Herrscher gestorben. Nun erwischte es also Friedrich Wilhelm III., den farblos-nüchternen »zweiten Soldatenkönig«, einen mittelmäßigen, eher bürgerlichen Menschen. »Unser Dämel sitzt in Memel«, hatten die Berliner 1806 nach der Flucht des Königspaars vor Napoleon gelästert. Er wurde an der Seite der hochverehrten Königin Luise (gestorben 1819; auch nach ihr heißt ein Stadtteil in Mitte und Kreuzberg) beigesetzt. Dabei war er seit 1824 in morganatischer Ehe mit der katholischen Gräfin Auguste von Harrach verheiratet.

Von der Weißen Frau war nur noch in der Überlieferung die Rede. Bald sank auch das Schloss in Trümmer, und ein Leipziger Tischlergeselle erteilte den Befehl zum endgültigen Abriss. Ob Walter Ulbricht außer seiner Lotte ein weiteres Gespenst begegnet ist, wenn er auf der Tribüne am Spreeufer die Grüße der jubelnden Massen entgegennahm, ist nicht überliefert. In dem bei Tag und Nacht hell erleuchteten Lampenpalast war es wohl endgültig vorbei mit den guten wie den bösen Geistern, spätestens die Asbestsanierung und den Abriss haben sie nicht überlebt.

Die Keller auf dem Schlossplatz wurden ausgegraben, doch man fand weder die vermissten Sarkophage der ersten Hohenzollern noch eine Spur der Weißen Frau. Selbst in den unheimlichen Tropfsteingewölben unter dem einstigen Kaiser-Wilhelm-Denkmal warten nur die Fledermäuse auf die umstrittene Einheitswippe. Hohenzollern-Gespenster gehen dort nicht um. Und welcher Geist zwischen der Schlossfassaden-Kopie und der abschreckenden Ost-Fassade im Humboldt-Forum herrschen wird, muss sich erst erweisen.

Aufruhr, Brände und andere Katastrophen

Der Berliner Unwillen

Die Quellenlage über die ersten Jahrhunderte Berliner Geschichte ist schlecht; nicht einmal ihre Gründungsurkunde haben die alten Berliner gerettet. Schuld daran waren vor allem die immer wieder auftretenden Brände im ausgehenden Mittelalter, die selbst die steinernen Kirchen nicht verschonten.

Im Jahre 1376 brannte ein großer Teil von Berlin nebst einem Teil des Rathauses sowie der Nikolai- und der Marienkirche ab. Auch bei dem verheerenden Feuer am 10. August 1380 meinte man, den Brandstifter zu kennen: den Ritter Erich Valke von der Lietzenitz auf Saarmund.

Es war der schwerste Brand in der Stadtgeschichte, und als man Valke zehn Jahre später endlich fing, tötete man ihn sofort. Damit nicht genug, man machte dem Toten formal den Prozess. Sein abgeschlagenes Haupt wurde auf dem Oderberger Tor in der heutigen Rathausstraße ausgestellt.

Zur Zeit der ersten Hohenzollern verschärfte sich der Widerspruch zwischen den die Städte beherrschenden Patriziern, dem »borgermeister und seinen ratmannen«, und den Handwerken, die endlich an der städtischen Selbstverwaltung beteiligt sein wollten. Die Situation gipfelte schließlich im sogenannten Berliner Unwillen von 1447/48.

1442 baten die Handwerker »ihren« Kurfürsten Friedrich Eisenzahn um Hilfe, was dem gerade recht kam. Er wollte die Privilegien der Städte Berlin und Cölln ohnehin beschneiden, löste kurzerhand die Verwaltung auf und ließ sich die Schlüssel der Stadttore aushändigen. Dann setzte er einen neuen Rat ein, in dem die Handwerker wesentlich vertreten waren. Dafür schränkte er die Rechte der Städte ein und forderte einen Bauplatz für die kurfürstliche Burg, zu der er am 31. Juli 1443 an der nördlichen Stadtbefestigung von Cölln den Grundstein legte. Doch während Friedrich in Pommern Krieg führte und ihn verlor, vereinigten sich Berlin und Cölln, zum Widerstand entschlossen. 1447/48 kam es zum bewaffneten Aufstand gegen den Kurfürsten. Die Bürger öffneten im Februar 1448 die Wehre des Mühlendamms und überschwemmten das kurfürstliche Baugelände. Sie entwaffneten Friedrichs Söldner, vertrieben seine Zöllner und Mühlenmeister und plünderten die kurfürstliche Kanzlei im Hohen Haus an der Klosterstraße.

Friedrich Eisenzahn machte seinem Namen alle Ehre. Er zog mit einer fränkischen Streitmacht heran, und 600 Mann zu Pferde besetzten die Stadt. Sodann erhob er Klage gegen die aufrührerischen Städter, insbesondere gegen einzelne Bürger aus der Oberschicht. Es hagelte Verbannungsurteile, Enteignungen und Geldbußen. Aus den freien Stadtbürgern waren unversehens kurfürstliche Untertanen geworden. Zum Zeichen dafür erhielt der Bär im Stadtsiegel, über dem nun der Adler hockte, ein Halsband. Drei Jahre später bezog der siegreiche Kurfürst 1451 seine Residenz zu Cölln.

Ereignisse dieser Art verzeichnet die Berliner Stadtchronik nicht eben häufig. Meist heißt es nur lapidar: »Anno 1484 ist das Rathaus zu Berlin zum andern mahl abgebrannd...«

Der Calvinistentumult in Cölln

Ein gewichtiges Ereignis ist zu Beginn des 17. Jahrhunderts verzeichnet. Im Jahre 1615 brachte der Calvinistentumult ganz Cölln in Aufruhr. Zu Weihnachten 1613 war der Kurfürst Johann Sigismund, der seit 1608 residierte, zum reformierten calvinistischen Glauben übergetreten, während seine Frau Anna von Preußen und Jülich-Cleve-Berg (1576–1625) und ein Teil der Geistlichkeit am Luthertum festhielten, das seit 1525 in Preußen und seit 1539 auch in Brandenburg Staatsreligion war. Die herrschsüchtige Anna war die älteste Tochter des schwachsinnigen Hohenzollern-Herzogs Albrecht Friedrich, der dem von seinem Vater Albrecht I. begründeten Herzogtum fünfzig Jahre lang (1568–1618) vorstand und selbst in offiziellen Dokumenten »unser gnädiger blöder Herr« heißt.

Die Berliner waren offensichtlich nicht so leicht von ihrem neugewonnenen lutherischen Glauben abzubringen. Im März und April 1615 kam es in ganz Cölln zwischen dem Schloss und der Petrikirche zur gewaltsamen Konfrontation zwischen den Lutheranern und den Calvinisten. Der Diakon Stüler hielt eine anticalvinistische und damit gegen den Landesherrn gerichtete Predigt und floh anschließend vorsichtshalber. Am traditionellen blauen Montag, auf dessen Einhaltung die Berliner Handwerksgesellen hartnäckig bestanden, versammelten sie sich zusammen mit etlichen Landsknechten vor der Petrikirche und zogen am Abend bewaffnet in die Brüderstraße. Die ersten Schüsse fielen, und die Glocken läuteten Sturm. Vor dem Schloss wurde der Statthalter des Kurfürsten, der Markgraf von Brandenburg-Jägerndorf, als Hurensohn beschimpft und bei Handgreiflichkeiten verletzt.

Am nächsten Tag waren die Rädelsführer geflohen. Nach

langen Verhandlungen akzeptierten die Parteien das vom Leipziger Schöppenstuhl abgesegnete Urteil, das einen Kompromiss darstellte. Den Cöllnern und Berlinern blieb die Religionsfreiheit erhalten.

Der zersprungene Pulverturm

Einen breiten Raum nimmt in Jakob Schmidts Sammlungen Berlinischer Merck- und Denckwürdigkeiten der zersprungene Pulverturm ein, eine Katastrophe von beachtlichen Ausmaßen. Berlin war zu Beginn des 18. Jahrhunderts eine Garnisonstadt mit über 4000 Mann Militär. Obwohl nach dem Dreißigjährigen Krieg ausgedehnte Stadtbefestigungen um Berlin, Cölln und den Friedrichswerder herum errichtet worden waren, deren Spuren sich noch heute im Berliner Stadtbild finden, standen noch immer Teile der ältesten Befestigungsanlagen von Cölln und Berlin. So wurden die beiden Türme der nördlichen Stadtmauer aus dem 13. Jahrhundert in der Burgstraße an der Spree und am Spandauer Tor als Pulvertürme genutzt.

Im Sommer 1720 sollte nun der Pulverturm beim alten Spandauer Tor abgebrochen werden, nachdem der Soldatenkönig Friedrich Wilhelm I. 1717–19 die neuen königlichen Pulvermühlen und das Pulvermagazin nach Moabit an die Spree vor dem Unterbaum hatte verlegen lassen – auf das Areal des späteren Lehrter Bahnhofs. Zwei Dutzend Artilleristen räumten den Turm aus; der Explosionsgefahr wegen trugen sie nur Filzsocken und durften nicht rauchen.

Ein zeitgenössischer Stich, der auch die Post, die in dem fatalen Moment vorbeifuhr, und den blessierten Wallschmied abbildet, dessen Haus getroffen wurde, vermittelt zusammen mit der ausführlichen Bildlegende einen treffenden Eindruck von dem schrecklichen Vorgang. Es handelt sich dabei um den wahrhaften Bericht über die Explosion, der sich wie folgt liest:

Prospect desjenigen Theils der Stadt Berlin, ohnweit dem Spandauer Thor, wie selbiger bei dem erbärmlichen Unglück, so daselbst am 12. August 1720, zwischen 10 und 11 Uhr vormittags durch Zerspringung eines Pulverthurms passiret, anzusehen war. Dieser Thurm zersprung in fünf Stücke, wovon die dick gemauerte Spitze das Kirchen Haus und Lazareth in den Grund darnieder schlug. Das eine Theil warf in dem damals von Herrn Obrist von Glasenapps Wohnung das halbe Dach und eine Ecke des Hauses nieder, das andere Theil schlug die halbe Garnison-Schule zu Boden, und machte in der Kirche eine große Öffnung. Das dritte Theil schlug des Herrn Hofraths Kühnens Hauses Obertheil und die Ruppiner Herberge nieder. Das vierte Theil traf die Hospital Ecke, auch die Heilige Geist Kirche. Der jämmerlich ertödteten Menschen waren in Summe 72 Personen, worunter 35 Soldaten Kinder, so in der Schule höchst erbärmlich zerquetschet worden ferner des Rectoris 12jähriger Sohn, so eben im unglücklichen Augenblick bei der Schule gewesen, des Küsters Kind samt ihm ... Die etlichen 40 Verwundeten sind mehrentheils wieder genesen.

Nicht einmal das Fernsehen könnte exakter sein in der Berichterstattung. Im Übrigen wurde noch 24 Stunden danach ein sechsjähriges Kind lebend unter den Trümmern hervorgezogen; einen Fremden in der Ruppinischen Herberge barg man erst nach drei Tagen unverletzt. Der König selbst, der willens gewesen war, die Soldaten im Pulverturm zu beaufsichtigen (und mit dem Stock anzutreiben), entging dem Tod nur dadurch, dass er sich auf der Wachtparade verspätet hatte. Die Vorsehung hatte in die deutsche Geschichte eingegriffen. Immerhin war der Soldatenkönig tief erschüttert, und das wollte bei dem Mann etwas heißen!

Der Ort der Explosion befand sich etwa auf der Straßenmitte der heutigen Spandauer Straße, dort, wo sie als Straße An der Spandauer Brücke quer über den einstigen Standort der abgerissenen Garnisonkirche – der heute wieder Garnisonkirchplatz heißt – abbiegt.

Explosionen kamen bei der Pulverherstellung häufiger vor, weshalb die Pulvermühlen und Magazine 1716 vor die Stadt ins unbesiedelte Moabit verlegt wurden. Als im Oktober 1760 russische Truppen für fünf Tage Berlin besetzten (die nächsten Russen blieben 49 Jahre), erhielt ein Offizier mit 25 Mann den Befehl, diese preußischen Pulvermühlen zu demolieren. Der Trupp rückte weisungsgemäß ab und »verunglückte spurlos«, wie die Chronik düster zu berichten weiß.

In Berlin aber stürzten Türme auch ohne die Einwirkung von Explosivstoffen ein. Das berühmteste Baudesaster war der Abriss und Einsturz von Schlüters Münzturm auf dem Schlossplatz an der Hundebrücke. Das vorauszusehende Ereignis kostete den Baumeister seinen Job, dabei war der Berliner Baugrund wirklich nicht der beste. Die Kuppel auf dem Turm der Parochialkirche stürzte 1698 ein, im August 1734 traf es den Turm der neuerbauten Petrikirche. Dennoch liebten die preußischen Herrscher hoch aufragende Bauten und wollten auch die 1701 auf dem Gendarmenmarkt erbauten Kirchen mit Kuppel nach römischem Vorbild geschmückt sehen. In der Nacht zum 28. Juli 1781 fiel der Turm der Neuen Kirche (heute der Deutsche Dom) mit Getöse in sich zusammen.

Die Hochzeitskatastrophe von 1823

Die bleiernen Jahre nach den Befreiungskriegen waren keine glückliche Zeit für die preußische Metropole und ihre Einwohner. Die Hochzeit des Kronprinzen, des späteren Königs Friedrich Wilhelm IV., mit der katholischen bayrischen Prinzessin Elisabeth am 29. November 1823 sollte das erste große Fest seit langer Zeit werden. Zugleich fand die Einweihung der Schinkelschen Schlossbrücke mit ihrem kunstvollen Geländer statt, die sich noch ohne die Figuren an Stelle der alten Hundebrücke über den Kupfergraben schwang. Vor dem Zeughaus hatte man eine Säulenhalle für 300 Ehrenjungfrauen errichtet. Noch war die neue Brücke für den Wagenverkehr gesperrt. Bei der abendlichen Illumination kam das Gerücht auf, überhaupt niemand dürfe die Brücke passieren. Die Menschenmenge, voller Angst, etwas von dem Schauspiel zu verpassen, drängte panikartig zum Kupfergraben, wo eine schmale Notbrücke die einzige Verbindung zum Lustgarten bot. Der Platz und die Brücke waren dem Ansturm nicht gewachsen. Das Geländer zum Spreekanal am Zeughaus hielt nicht stand; die Menschen wurden von den Nachdrückenden ins eisige Wasser gestoßen. Schreie gellten durch die Dunkelheit. Alle wollten sehen, was vorn passiert, und drängten immer mehr über die Uferkante. Das Fazit: dreißig zertretene, ertrunkene, erfrorene Kinder und Frauen. Kein gutes Omen für die Ehe des künftigen Königs, die denn auch kinderlos blieb.

Schon im Juli 1709 hatte der Einsturz der Cavalierbrücke (in der Nähe der heutigen Liebknecht-Brücke) 18 Menschenleben gefordert, von den Geretteten »sind die meisten bald darauf gestorben ...«. Versammelt hatten sich die Berliner damals, um das Feuerwerk zu Ehren des Sieges Peters des Großen über die Schweden zu sehen.

Am 29. Juli 1817 brannte das Schauspielhaus am Gendarmenmarkt vollständig aus; in der Nacht vom 18. zum 19. September 1843 erleuchtete der Brand des königlichen Opernhauses Unter den Linden die Stadt taghell. Beide Gebäude wurden schnell wiederaufgebaut.

Die Zeiten wurden immer unruhiger. 1845 gab es am Hamburger Tor in der heutigen Torstraße Steinwürfe gegen die Ordnungsmacht, 1846 die Kartoffelrevolution am Oranienburger Tor. Berlin näherte sich unaufhaltsam der Märzrevolution von 1848, deren Erfolge so mager ausfielen wie die aller Revolutionen in Deutschland.

Böse Zungen sprechen von zwei wesentlichen Ergebnissen: Der König wurde gezwungen, den Hut vor den gefallenen Märzkämpfern zu ziehen, und am Brandenburger Tor brannte der hölzerne Zirkusbau nieder. Die Reaktion schien endgültig zu triumphieren. Es sollten weitere vierzig Jahre vergehen, bis endlich auch Bismarcks rigide Sozialistengesetze der Vergangenheit angehörten. Daran, dass Berlin die Hauptstadt einer stockreaktionären Monarchie blieb, änderte auch das nichts.

Neue Zeiten, neue Katastrophen und Unruhen

Mit dem beginnenden Bauboom der Gründerjahre hielt in Berlin die Schlamperei beim Hausbau Schritt. 1865 starben innerhalb von drei Wochen 33 Menschen bei Neubaueinstürzen, was endlich zu einer Verschärfung der Baukontrollen führte. Dennoch forderte auch die moderne Technik ihren Preis. Am 2. September 1883, also immerhin 45 Jahre nach

Einführung der gefährlichen Dampfrösser, erlebte die Stadt im Bahnhof Steglitz ihr erstes großes Eisenbahnunglück, das 43 Todesopfer forderte. Bei der Hochbahn hingegen vergingen nur sechs Jahre, bis es zu einem ersten Unfall kam. Am Bahnhof Gleisdreieck – zu dieser Zeit wirklich noch ein solches – fuhr am 26. September 1908 ein Zug einem anderen in die Flanke und stieß einen Waggon vom Viadukt in die Tiefe. 18 Passagiere starben dabei, und mehr als 20 wurden schwer verletzt.

Das erste Tunnelunglück am 9. Mai 1917 zwischen Alexanderplatz und Schönhauser Tor (Rosa-Luxemburg-Platz) ging mit dreißig Verletzten und einer großen Panik etwas glimpflicher aus.

Obwohl von Luftverkehr noch nicht die Rede sein konnte, kam es auch über der Stadt zu ersten Unfällen. Seit 1884 existierte das Ballon-Detachement der Schöneberger Eisenbahntruppen, das als spätere Luftschifferabteilung ab 1901 in Tegel stationiert war.

Anlässlich der Großen Gewerbeausstellung 1896 in Treptow führte der Leipziger Buchhändler Dr. Hermann Wölfert sein Luftschiff *Deutschland* vor, das nach mehreren geglückten Probefahrten am 12. Juni 1897 nach einer Vergaserexplosion abstürzte. Wölfert und sein Mechaniker starben. Fünf Monate später gelang dem Unteroffizier Jagels mit dem starren Luftschiff eines Holzhändlers aus Agram die Jungfernfahrt auf 350 Metern Höhe, bevor das Gefährt auf dem unbebauten Schöneberger Südgelände strandete. Graf Zeppelin war ein aufmerksamer Beobachter des Vorfalls. Er war auch mutig genug, 1911 in Karlshorst mit dem halbstarren Luftschiff SSL 2 der Siemens-Schuckert-Werke aufzusteigen. Im gleichen Jahr forderte der Motorflug in Johannisthal sein erstes Todesopfer.

Vom dortigen Flugplatz riss der Wind am 4. März 1912 ein Parseval-Luftschiff samt Sicherungsseil und daranhängendem Ballonmeister mit sich. Erst hinter dem Karlshorster Luftschiffhafen blieben das Luftschiff und die Leiche des unglücklichen Ballonmeisters in den Baumkronen hängen. Am 17. Oktober 1913 schließlich explodierte das Luftschiff L 2 über Adlershof und verursachte den Tod von 25 Menschen.

Am Boden sorgten eher Feuer und Explosionen für mittlere Katastrophen. So stand das prächtige und moderne Hotel Kaiserhof schon wenige Tage nach seiner Eröffnung im Oktober 1875 in hellen Flammen. Allerdings war der Bau mit 2,75 Millionen Mark gut versichert, was Anlass zu mancherlei Verdächtigungen bot ...

Weniger Schaden richtete im Mai 1894 das sogenannte Kaiserfeuer auf einem Bauernhof in Gatow an, wo Seine kaiserliche Majestät Wilhelm II. höchstpersönlich gerade mit seiner Dampfjacht *Alexandria* aufkreuzte und gemeinsam mit der Mannschaft das Großfeuer bekämpfte. Als ein ungläubiger Spandauer Feuerwehrmann äußerte: »Mann, det jloobste doch selber nich, dettste Wilhelm bist!«, bewies es ihm der Kaiser durch stramme Befehle – und vermutlich durch seinen zu kurzen Arm.

Am 7. Januar 1898 brannte die gerade modernisierte Borsigmühle an der Spree in Moabit. Kein Wasser vermochte die haushohen Flammen zu löschen. Die gesamte Spreefront des Riesenbaus stürzte zusammen mit dem großen Kran und einigen tausend Tonnen Roggen in den Fluss. Das Restgemäuer brannte noch 14 Tage und wurde schließlich gesprengt. Die Firma Borsig gab den Standort auf und zog nach Tegel. Die Tanklager auf dem Nobelshof im östlichsten Winkel von Rummelsburg wurden dagegen noch weitere fünfzig Jahre genutzt, nachdem dort im November 1910 drei Millionen Liter Benzin explodiert waren und wochenlang brannten.

Die soziale Lage breiter Bevölkerungsschichten war nahezu unerträglich und führte zu immer neuen Unruhen. 1863 kam es zu Mieterunruhen am Moritzplatz, im März 1872 behinderte ein Streik den Bau der Siegessäule, und im Juni desselben Jahres kam es nach der Zwangsexmittierung eines Tischlers zu den Blumenstraßenkrawallen, bei denen 102 Polizisten zumeist durch Steinwürfe und 160 Zivilisten durch Säbelhiebe verletzt wurden. Die erregten Massen zerstreuten sich erst nach zwei Tagen, als das Polizeipräsidium mit dem Einsatz von Militär drohte. 33 »Aufrührer« wurden zu Gefängnis- und Zuchthausstrafen verurteilt.

Im Sommer 1885 streikten in Berlin 12 000 Maurer für höhere Löhne und für den Neunstundentag, fünf Jahre später waren es 40 000 Arbeiter, die für den Zehnstundentag in den Streik traten. Als die Polizei beim Moabiter Aufstand im September 1910 gegen streikende Kohlenarbeiter vorging, wurden zwei Menschen getötet und Hunderte verletzt. Bereits im Februar desselben Jahres hatte der Polizeipräsident von Jagow Versammlungen unter freiem Himmel verboten, vermochte damit aber am 6. März nicht, den Treptower Wahlrechtsspaziergang von 150 000 bis 200 000 Berlinern gegen das Dreiklassenwahlrecht zu verhindern. Die Polizei sprach von 15 000, die dem Aufruf der Sozialdemokraten gefolgt waren. Der Vorwärts erwartete spöttisch, dass Jagow die Zahl nochmals halbieren würde, um schließlich zu verkünden, »dass seine Reiter ihre wilden Angriffe nur gegen das gewöhnliche Sonntagspublikum im Treptower Park verübt haben«.

Von der Kriegseuphorie zu Bombenkrieg
und Vernichtung

Dass der Beginn des Ersten Weltkrieges in der Reichshauptstadt eine allgemeine Kriegseuphorie auslöste, ist bekannt. Zeitgenössische Quellen bieten ein differenzierteres Bild, fanden doch noch in der Woche vor der Mobilmachung an 28 Versammlungsorten in der Stadt machtvolle Friedenskundgebungen der Sozialdemokraten statt, deren Teilnehmer anschließend von der Polizei in heftige Auseinandersetzungen verwickelt wurden. Auch vor den Sparkassen kam es zu Unruhen, Tausende wollten über ihre Guthaben verfügen, und Berlins Taschendiebe sorgten für ihren persönlichen Anteil daran.

Rasch verflog bei den skeptischen Berlinern die tatsächlich vorhandene Kriegsbegeisterung. Schon im Mai 1915 demonstrierten Frauen vor dem Reichstag für den Frieden, im Oktober brachen die ersten Unruhen wegen der Lebensmittelknappheit aus. Die Rationierung und der Kohlrübenwinter 1916/17 verschärften die Situation. Am 16. April 1917 folgten 300 000 Arbeiter dem Aufruf der Metallarbeitergewerkschaft zum Generalstreik, im Januar 1918 streikten die Munitionsarbeiter. Am 9. November schließlich wurde die deutsche Republik gleich zweimal ausgerufen; die Kontrahenten Sozialdemokratie und Spartakusbund (seit Januar 1919 Kommunistische Partei KPD) verstrickten sich in Auseinandersetzungen, die im Januar und März 1919 zu bewaffneten Kämpfen mit zahlreichen Toten unter den Linken führten. Von nun an gehörte Gewalt endgültig zum festen Repertoire politischer Konfrontation.

Von allen Bränden in Berlin ist der des Reichstags am

27. Februar 1933 in nachhaltigster Erinnerung geblieben. Ihn und seine Folgen zu beschreiben, bedarf es einer ganzen Bibliothek. Die These von der Alleintäterschaft des Holländers van der Lubbe hat sich noch immer nicht überzeugend gegen die Version der SA-Brandstiftung durchgesetzt. Kapital jedenfalls schlugen die Nationalsozialisten aus dem Brand, der ihnen Anlass zur Verhaftung Tausender Andersdenkender bot. Nur zehn Wochen danach zeigten sie bei einem nächsten Feuer, wes Ungeistes Kind sie waren. Am 10. Mai 1933 brannten auf dem Opernplatz die Bücher jüdischer, kommunistischer und linksbürgerlicher Autoren – ein schauriges Flammenzeichen für das Kommende. Die unterirdische Bibliothek auf dem heutigen Bebelplatz erinnert an die Bücherverbrennung.

Ihre nächste Brand- und Vernichtungsaktion bezeichneten die Nationalsozialisten euphemistisch als »Reichskristallnacht« – ein Pogrom gegen alle jüdischen Kultstätten und Geschäfte, dem beinahe alle Synagogen in der Stadt zum Opfer fielen. 12 000 Juden wurden in die KZ verschleppt; die systematische Vertreibung und Vernichtung begann.

Als am 1. September 1939 Hitlers Truppen in Polen einmarschierten, hielt sich der Kriegsjubel in Grenzen, obwohl die Berliner kaum ahnen konnten, was da auf sie zukam. Selbst als im August 1940 die ersten Bomben fielen, glaubten die meisten noch an einen deutschen Sieg. Die Bilanz nach vier Jahren Luftkrieg war ebenso schaurig wie verheerend: Die Bomben hatten mindestens 55 Millionen Kubikmeter Trümmerschutt hinterlassen. Spätere Schätzungen reichen sogar bis zu neunzig Millionen Tonnen, von denen allein zwanzig Millionen in Mitte und Friedrichshain lagen.

Nachkrieg

Verglichen mit den Kriegsschrecken nehmen sich die Unglücksfälle und Brände der Nachkriegszeit beinahe harmlos aus. Grobe Fahrlässigkeit führte am 5. Juli 1951 zu einem tragischen Dampferunglück in Treptow, dessen schreckliche Folgen sich durch politische Halsstarrigkeit noch verschlimmerten. Der Schiffseigner des Ausflugsschiffs *Heimatland* hatte den Dieselmotor seines Dampfers gegen einen Benzinmotor ausgetauscht, der nach nur 300 Metern Fahrt infolge eines Vergaserbrandes explodierte. Von den 127 Personen an Bord – mehrere Schulklassen aus Prenzlauer Berg auf einem Ausflug nach Hessenwinkel – verbrannten oder ertranken 30 Kinder und zwei Erwachsene. Nach West-Berliner Angaben lag die Zahl der Opfer bei 49. Das Ost-Berliner Löschboot traf zu spät ein, und die Feuerwehr aus Schöneweide durfte weisungsgemäß nicht durch den Westsektor fahren. Die aus dem Westen angebotene Hilfe wurde ignoriert. Gerettet wurden viele der Überlebenden von einem anderen Schiff aus und von den Arbeitern, die in der Nähe mit dem Bau des »Tausendfüßlers« beschäftigt waren – der bis zum Bau der Elsenbrücke einzigen offiziell für Ost-Berlin nutzbaren Spreebrücke zwischen Schöneweide und der Innenstadt.

Der Eigner und Kapitän der *Heimatland*, nach heutigen Vermutungen nur bedingt für den Austauschmotor verantwortlich, wurde wegen vorsätzlicher Transportgefährdung in einem besonders schweren Fall zu 15 Jahren Zuchthaus verurteilt. An das größte Unglück in der Geschichte der Berliner Schifffahrt erinnern ein am Treptower Hafen aufgestellter Gedenkstein und der Grabstein für die meisten der Opfer auf dem Zentralfriedhof in Friedrichsfelde.

Unfälle und gefährliche Vorkommnisse mit Soldaten der Besatzungsmächte kamen in Ost und West vor. Am 16. Juni 1978 peitschten plötzlich Unter den Linden, Ecke Friedrichstraße Schüsse, als der schwerbewaffnete sowjetische Deserteur Abukirow von seinen Verfolgern gestellt wurde. Bei Gransee hatte er den »Barkas« eines Waldarbeiters als Fluchtfahrzeug in den Westen gekapert.

Das größte Flugzeugunglück in der Geschichte der DDR-Luftfahrt ereignete sich im August 1972, als eine vom Flughafen Schönefeld nach Bulgarien gestartete Maschine vom Typ IL 62 bei Königs Wusterhausen abstürzte und alle 165 Insassen ums Leben kamen. Die lange geheim gehaltene Ursache: ein Konstruktionsfehler des sowjetischen Flugzeugs.

Beim Anflug auf denselben Flughafen Schönefeld stürzte am 12. Dezember 1986 etwa drei Kilometer vor der Landebahn eine TU 134 der Aeroflot in ein Waldstück bei Bohnsdorf. Bilanz: 72 Tote, darunter eine Schulklasse. Die für die »Luftkontrollzone Berlin« verantwortlichen Alliierten konstatierten »menschliches Versagen« als Unglücksursache. Die Flüsterpropaganda der Ost-Berliner Nachrichtenagentur FAMA wusste es besser: Die Ursache hieß Wodka.

Zu guter Letzt leistete sich der 19-jährige Soldat Wladimir Gregorenko, den seine Braut verlassen hatte, noch eine Kapriole, die ein paar Jahre früher böse ausgegangen wäre. Am frühen Morgen des 19. November 1990 rasselte er in einem schweren sowjetischen Schützenpanzer über Avus und Kudamm, donnerte über rote Ampeln und rammte in der Bülowstraße einen VW-Bus der Polizei.

Nach halbstündiger Irrfahrt verließ er an der Waltersdorfer Chaussee das Stadtgebiet. Bei Potsdam gelang es einem russischen Unteroffizier, den Sehschlitz des Schützenpanzers mit seiner Jacke zu verstopfen. Wladimir wanderte in den Knast.

Als besonders gefährlich hat sich auch in Berlin die Erdgasversorgung herausgestellt. Mehrfach manipulierten Kriminelle die Zuführungen zu Wohnhäusern und verursachten schwere Unglücke. Die schwerste Explosion ereignete sich am 4. August 1998 kurz nach sechs Uhr in der Lepsiusstraße 57 in Steglitz, bei der ein viergeschossiges Wohnhaus völlig zerstört wurde. Die traurige Bilanz: sieben Tote, eine gerettete Person, ein geretteter Hund und eine gerettete Katze.

Huren, Hexen, Zauberer

Eine unabhängige Justiz?

Wer da glaubt, unsere Altvordern hätten es sich mit der Justiz leichtgemacht, der irrt. Betrachtet man allerdings die Zeit, die einst zwischen der Tat, der Anklage, dem Urteil und dessen Vollstreckung verging, so können wir Späthinteren von so kurzen Zeiträumen nur träumen.

Joachim Nestor belieh 1508 den Rat von Berlin und Cölln mit der oberen und unteren Gerichtsbarkeit, die vorher als Lehen in den Händen von Einzelpersonen gelegen hatte. 1536 mussten die Städte das untere Stadtgericht für 2250 Gulden erneut vom kurfürstlichen Küchenmeister Hans Tempelhof erwerben.

Bei todeswürdigen Verbrechen war es im 16. Jahrhundert üblich, das Urteil vom Schöffenstuhl in Brandenburg sprechen oder zumindest bestätigen zu lassen. Auch als das Berliner Kammergericht zwischen 1617 und 1632 zeitweilig Strafprozesse führte, schickten die überlasteten Räte die Akten gerne nach Brandenburg. Ab 1611 gestattete ein Landtagsabschied, dass in peinlichen Sachen fortan auch das Urteil von der Frankfurter Juristenfakultät geholt werden dürfe – um die Landesuniversität zu fördern!

Natürlich war die Justiz nicht unabhängig. Der Kurfürst musste die Urteile bestätigen und griff häufig genug direkt oder durch seine Räte ein. Als 1624 beispielsweise 13 Soldaten Pferde gestohlen hatten und erklärten, sie hätten keinen Raub begehen wollen, gedachten die Schöffen und Richter, sie nicht ohne klares Geständnis hinrichten zu lassen. Der Dompropst und die Kurfürstin verwandten sich für die Diebe, und Kurfürst Georg Wilhelm begnadigte fünf von ihnen.

Die Strafen waren im Allgemeinen drakonisch. Jedoch verschwanden die mittelalterlichen Gottesurteile allmählich, bei denen die Angeklagten, um ihre Unschuld zu beweisen, furchtbaren Prüfungen ausgesetzt wurden, die sie nur mit der besonderen Gnade Gottes bestehen konnten. In Berlin mussten die Beschuldigten ohne Brandverletzungen ein glühendes Eisen von bestimmtem Gewicht neun Schritte weit tragen, unverletzt einen Ring oder Stein aus einem Kessel siedenden Wassers fischen oder im Zweikampf gegen den Prozessgegner den Sieg davontragen.

Der Todeswürfel

Die häufig überlieferte Berliner Sage vom Todeswürfel verlegt ein solches Gottesurteil noch in die Zeit des Großen Kurfürsten. Da habe in Berlin ein wohlhabender Waffenschmied gelebt, der eine wunderschöne Tochter besaß. Zwei Leibtrabanten des Kurfürsten, Heinrich und Rudolf, entbrannten in Liebe zu der liebreizenden Jungfrau, die sich jedoch anfangs für keinen zu entscheiden vermochte. Erst als der stillere Heinrich durch eine überraschende Erbschaft plötzlich zu Geld gekommen war und er überdies den alten Waffenschmied eines Abends vor den Misshandlungen roher Gesellen zu schützen wusste, wandte sie sich ihm zu. Rudolf, mit heftigerem Charakter, verging fast vor glühender Eifersucht und schlich den beiden auf Schritt und Tritt nach. Als er sie eines Abends beim Abschied am Brunnen belauerte, brachten ihn die Liebkosungen, die das Mädchen Heinrich gewährte, derartig in Wut, dass er mit dem Schwert auf die Ärmste einstach, kaum dass Heinrich verschwunden war.

Man fand das Mädchen in seinem Blut liegend. Der Mordverdacht fiel zwar sofort auf Rudolf, dessen Eifersucht bekannt war, aber auch Heinrich, der noch kurze Zeit zuvor mit dem Mädchen gesprochen hatte, kam als Täter in Frage.

Der unglückliche Vater verlangte vom Kurfürsten die Bestrafung des Verbrechers. Der ließ auch wirklich die beiden Trabanten verhaften. Beide leugneten die Tat entschieden und legten auch auf der Folter kein Geständnis ab. Der Kurfürst wollte deshalb kein Urteil fällen, sondern stellte die Entscheidung Gott anheim. Er befahl, die beiden sollten um ihr Leben würfeln; wer den höheren Wurf tat, sollte als unschuldig gelten.

Vor der Front der angetretenen Leibtrabanten wurde eine Trommel aufgestellt, dabei stand ein Geistlicher, und unweit davon wartete der Sarg auf den Unterlegenen. Vergeblich forderte Heinrich noch einmal von seinem Kameraden, sich schuldig zu bekennen. Der nahm wortlos die beiden Würfel und warf zwei Sechsen auf das Trommelfell. Damit war Heinrich so gut wie gerichtet. Doch der ließ sich nicht beirren, flehte zu Gott, er möge ein Zeugnis seiner Unschuld ablegen, und warf die Würfel so heftig auf die Trommel, dass der eine in zwei Teile zersprang, die eine Sechs und eine Eins zeigten. Auch der zweite zeigte die Sechs, so dass nun 13 Augen auf der Trommel lagen. Rudolf, von diesem offenbaren Gericht Gottes ergriffen, stürzte wie vom Blitz getroffen zu Boden und leugnete seine Schuld nicht länger. Der Kurfürst verurteilte ihn zu ewigem Gefängnis, um ihm Zeit zur Reue zu lassen, doch er verfiel im Kerker dem Wahnsinn und erhängte sich. Auch Heinrich wurde seines Lebens nicht mehr froh. Er suchte und fand den Tod in der Schlacht. Der zersprungene Todeswürfel aber wurde noch lange in der Kunstkammer des königlichen Schlosses in Berlin aufbewahrt.

Der Kaak

Die Strafen des Stäupens (Züchtigen mit Ruten) und des Prangerstehens im Halseisen an der Schandsäule wurden für Verurteilte, denen Schimpf und Schande angetan werden sollte, gleich unter dem Kaak an der Gerichtslaube des alten Berliner Rathauses vollzogen. Die noch heute vorhandene Kopie des Kaak stellt einen großen Vogel mit Flügeln, Eselsohren und einem verzerrten Menschengesicht dar. Die Gerichtsstube lag über der Durchfahrt zur Ratswaage, darüber befand sich im Dachboden die Folterkammer. Im Keller des Rathauses gab es ein Gefängnis, den sogenannten Krautgarten. Hinrichtungen durch das Schwert fanden jahrhundertelang vor beiden Rathäusern statt, bis sich im Jahre 1694 die Anwohner des Berliner Rathauses wegen der damit verbundenen häufigen Verkehrsstörungen beschwerten. Erst dann wurde das Hochgericht auf den Neuen Markt verlegt.

Die Gerichtslaube, ein Anbau am alten Berliner Rathaus, ist heute gleich zweimal als Rekonstruktion vorhanden. Da sie 1872 dem Neubau des Roten Rathauses im Wege war, versetzte man das offene Gebäude in den Schlosspark Babelsberg. Hundert Jahre später passte es den Bauherren des Nikolaiviertels ins historisierende Konzept, eine Gaststätte in der Poststraße als zweite Kopie der Gerichtslaube zu errichten.

Das Hurenhaus

Mag die Gerichtslaube in alten Zeiten das Ihre zur Unterhaltung der Berliner beigetragen haben – andere Häuser liefen ihr dabei vermutlich den Rang ab, und der Rat hatte auch daran seinen Anteil. Bereits um 1400 wird von einem Freudenhaus berichtet, von dem der Rat jährlich zwei Schock Groschen kassierte. Zwanzig Jahre später ist das Hurenhaus zu Berlin ganz eingerissen und neu aufgebaut worden. Die feilen Dirnen darin durften nicht durch Winkelhurerei auffällig werden, darüber wachte der für sie verantwortliche Scharfrichter. Der hatte um 1580 alle Frauen, die außerhalb des Freudenhauses Unzucht trieben, aus der Stadt zu trommeln. Wo sich das Haus einst befand, weiß der Chronist Schmidt zu berichten:

Die jetzige Rosen-Strasse hat Anfangs die Huren-Strasse geheißen. Das liederliche Frauen-Volck hat der Strasse den Nahmen zuwege gebracht, denn es wurden dieselbigen an einen Karren mit zwey Rädern geschlossen, und mussten den Gassen Unflath in die dazu gemachten Grufften zwischen den Wall und Mauer fahren. Weil hernach einige Hoff-Trompeter anbaueten ward sie die Trompeter Strasse, da aber dieselbigen ausgestorben, die Rosen-Strasse genennet.

Im Jahre 1603 sandte Kurfürst Joachim Friedrich ein »Mandat an alle Pfarrern, bey Verlust ihres Pfarr Amts auff den Concubinat acht zu haben gegen Unzucht und Hurerey«. Erfolg war dem Papier anscheinend nicht beschieden. Kurfürst Friedrich III., der spätere König, verschärfte 1690 die Strafen gegen die öffentliche Unzucht.

Der Soldatenkönig erließ am 31. März 1718 gar ein »Allgemeines Edict wegen Abstellung des Voll-Sauffens, und daß die Trunckenheit in denen Delictis nicht entschuldigen sondern die Strafe vermehren soll ... Weil unter dem Vorwand des Gesundheit-Trinckens ein grosser Mißbrauch vorgehet.«

Gehurt und gesoffen wurde dennoch weiter, Berlin war nicht umsonst eine Stadt der Bierbrauerei und allgemeinen Zecherei, und an feilen Damen fehlte es nicht einmal in der besten Gesellschaft.

1795 wies Berlin mit seinen 173 000 Einwohnern 66 registrierte Bordelle mit 257 polizeilich inskribierten Dirnen auf, streng preußisch geführt nach dem königlichen Lusthaus-Reglement und eingeteilt in drei Klassen. Die Stuben waren nummeriert; das Mobiliar bestand aus einem Feldbett und einem Leuchter!

Bald standen etwa hundert Freudenhäuser mit je fünf bis neun Lustdirnen unter Aufsicht der Polizei. Die Frauen mussten sich regelmäßigen Gesundheitsuntersuchungen unterziehen. Strafen setzte es nur noch, wenn jemand zu Schaden kam oder öffentliches Ärgernis erregte.

Jeder Bordellwirt musste »monatlich für jede Lohnhure, die er hält, sechs Groschen« in die Heilungskasse zahlen. Dafür sollte »jede infizierte Lohnhure sofort in die Charité« eingeliefert werden, und die – 1726 im unbenutzten Pesthaus von 1710 eingerichtet – leistete nach dem Urteil eines Zeitgenossen »mehr für die Dezimierung der Berliner Bevölkerung als die Guillotine in anderen Städten«. Dies vor allem, als sich gegen Ende des 18. Jahrhunderts in Berlin die Syphilis seuchenartig ausbreitete.

Hexenverbrennungen

Wie überall in Deutschland ging man in alten Zeiten nicht nur den Dirnen an die Wäsche. Auch im protestantischen Brandenburg fanden Hexenverbrennungen statt, war doch selbst der Doktor Luther der Meinung, Hexen müsse man verbrennen und in solchen Fällen mit der Strafe eilen, ohne auf die Bedenklichkeiten der Juristen zu hören.

Der erste Fall einer Bestrafung wegen Zauberei ist aus dem Jahr 1390 überliefert. Eine alte Frau sollte einer anderen zwei Giftbeeren gegeben haben und erlitt deswegen den Tod durch das Feuer. Ein ähnlicher Fall ereignete sich 1423, als ebenfalls eine alte Frau verbrannt wurde. Die Chronik scheint hier lückenhaft, denn angeblich erst 1552 wurde wieder eine Zauberin angeklagt und verbrannt. Als die Flamme des Scheiterhaufens hochschlug, sei ein Reiher darin verschwunden und mit einem Stück vom Pelze (?) der Hingerichteten davongeflogen. Im Jahr darauf verbrannte man zwei »Zauberhuren, weil sie ein gestohlenes Kind zerstückelt und gekocht hätten, um mit dem daraus gewonnenen Zaubermittel Theuerung (!) im Land anzurichten«.

Carions Weissagung

Die Hohenzollern waren besonders abergläubisch. Joachim Nestor hatte für seinen Astrologen Carion eine Sternwarte einrichten lassen und galt selbst als halber Zauberer. Carion weissagte sogar den Namen des Schutzengels des Prinzen Johann: »Bathsitihadel«. Es fand sich keiner, der einen anderen Namen für den Engel kannte.

Zu jener Zeit kursierte eine berühmte Weissagung, im Februar 1524 würde die Welt untergehen. Carion jedoch ermittelte einen Fehler in der Berechnung und prophezeite die Sündflut für den 15. Juli 1525. Es war ein strahlender Sommertag. Der Hofstaat zog dennoch mit Kisten und Kasten auf die höchste Erhebung von Berlin, den heutigen Kreuzberg. Allmählich breitete sich dumpfe Gewitterschwüle aus, und der Himmel bezog sich. Dann jedoch brach die Sonne durch, und die Wolken lösten sich auf. Nachdrücklich forderte die Kurfürstin Elisabeth zur Rückkehr auf. Unter dem Gespött, noch mehr aber unter dem Gemurre der Berliner zog die Kavalkade in die Stadt ein. Als sie auf den Schlossplatz einbog, schoss plötzlich ein Feuerstrahl aus den neuerlich aufgezogenen Wolken.

Joachim sank betäubt zusammen, der Regen stürzte wie aus Kannen vom Himmel. Als der hohe Herr zu sich kam, lag der Kutscher tot aus dem Wagen herausgeschleudert auf dem unbefestigten Platz. Außer ihm hatte der Blitz vier der acht Pferde erschlagen. »Sunsten hat das Wetter keinen Schaden mehr getan ...«, merkt ein Chronist an. Es trifft eben immer die Falschen.

Am zweiten Weihnachtstag desselben Jahres hörte Joachim in der Kirche der schwarzen Brüder vor dem Schloss die Weihnachtspredigt. Der rotgesichtige Mönch auf der Kanzel erging sich in wüsten Drohungen gegen Luther, donnerte mit den Fäusten auf das Holz – und brach vom Schlag gerührt zusammen. Die Kurfürstin Elisabeth zog es vor, bald darauf ins lutherische Sachsen zu entfliehen.

Die letzte preußische Hexe

Ein Edikt des Großen Kurfürsten befahl 1679 den Kriminal-
richtern Berlins mit Nachdruck, alle Hexen der Mark zur Verantwortung zu ziehen. Hexenprozesse blühten auf, als sie
anderswo bereits abflauten; noch 1692 wurde in Berlin Daniel
Krösing wegen ausgestoßener Gotteslästerungen enthauptet.

Erst der Soldatenkönig machte den Hexenprozessen ein
Ende. Ein junges Mädchen, Dorothea Steffin, hatte angeblich am Wedding vor den Toren Berlins einen vornehmen
jungen Mann in blauem Rock und gestickter Weste kennen
und lieben gelernt. Sie traf ihn auf der Langen Brücke in Berlin wieder, schlief wiederum mit ihm und schloss angeblich
einen Pakt mit ihm. Er sei der Teufel, erklärte er und ließ sie
ein Dokument mit ihrem Blut unterzeichnen.

Im Kalandshof wegen ihres unsittlichen Lebenswandels
eingesperrt, gestand die Steffin nach einem Selbstmordver-
such ihre Beziehung zum Teufel. Damit wäre ihr Schicksal
besiegelt gewesen. Gemäß den modernen Ansichten eines
Thomasius wurde sie jedoch von einem Richter und einem
Arzt vernommen und begutachtet und wand sich dabei in
Krämpfen. Im Prozess konnten sich die Reformisten unter
dem Kammergerichtsrat Wagner durchsetzen. Da Friedrich
Wilhelm I. sich das Urteil beziehungsweise dessen Bestätigung vorbehalten hatte, wurde der Fall dem Staats- und
Kriegsminister Samuel von Cocceji, dem späteren Rechts-
reformer und Großkanzler des Alten Fritzen, vorgetragen.
Cocceji, wie schon sein Vater ordentlicher Professor der Rechte an der Universität zu Frankfurt an der Oder, entschied, Dorothea Steffin habe am Leben zu bleiben.

Am 10. Dezember 1728 erging das Urteil:

Obwohl es das Ansehen habe, daß die Inquisitin wegen des
Bündnisses mit dem Teufel mit dem Feuer oder doch mit dem
Schwerte zu strafen sei, zumal sie einen höchst unsittlichen Le-
benswandel geführt habe, so könne doch das Bündnis mit dem
Teufel auch Effekt der Schwermütigkeit sein ... Damit sie aber
durch ein liederliches Leben und Versuchen des Selbstmordes
nicht ferner in dem Wege des Satans sich verstricken könne, sei
sie lebenslänglich in das Spandauer Spinnhaus zu bringen und
zu leidlicher weiblicher Arbeit anzuhalten, ihr auch dort Arznei
und geistlicher Zuspruch zu erteilen. Von Rechts wegen.

Die neue Sittlichkeit

Der weniger geschätzte Gatte der allseits beliebten Königin
Luise, der Lady Di der Freiheitskriege, beschloss um 1810, die
Straßen Berlins von allen Lusthäusern zu säubern, was natürlich nicht gelang. Fortan konzentrierte sich das unausrottbare
Gewerbe im schmuddeligen Viertel Hinter der Königsmauer,
also etwa zwischen Bahnhof Alexanderplatz und Fernsehturm, und gelangte dort, der strengen Reglementierung endlich entronnen, zu unerwarteter Blüte. Außerdem boten bald
»Frey-Dirnen« überall in der Stadt ihre Dienste an. Als 1846
für die nächsten 140 Jahre der Betrieb von Bordellen verboten
wurde, hatte sich das horizontale Gewerbe mit seinen etwa
15 000 Prostituierten längst anderweitig etabliert, und die
gestrenge Polizei übersah geflissentlich die »Lasterhöhlen«,
in denen die Herren aus höchsten Kreisen verkehrten. Die
Berliner Sittenlosigkeit, die Nutten und ihre Luden, erlangte
sprichwörtlichen Ruhm, schätzte man doch in den Goldenen
Zwanzigern mehr als 25 000 illegale Prostituierte.

Die Szene überdauerte Weltkriege und Inflation und lebte im Nachkriegsberlin neu auf. Offiziell beschränkte sich die Prostitution nun allerdings auf den West-Berliner Frontstadtsumpf. Im Osten gingen die Damen (und ausgewählte Knaben) in höchst geheimer Mission und mit staatlicher Duldung und Anleitung ihren devisenträchtigen Diensten nach, galt es doch, nicht weniger als das sozialistische Vaterland im Auftrag des Ministeriums für Staatssicherheit vor dem nimmermüden Klassenfeind zu schützen.

Strafe muss sein

Spandau: Das Zuchthaus und der Juliusturm

Die Festung sowie das Zucht- und Spinnhaus sind untrennbar mit der märkischen Kleinstadt Spandau verknüpft. Heute weiß kaum noch jemand, wo sich das berüchtigte Zuchthaus eigentlich befunden hat. Da werden die Zitadelle mit dem Juliusturm genannt oder sogar das ehemalige Festungsgefängnis an der Wilhelmstraße, das 1987 fünf Wochen nach dem Tod des letzten von den Alliierten verurteilten Kriegsverbrechers abgerissen wurde.

Die Spandauer Chronik berichtet, dass der schaurige Ort mitten in der Altstadt gelegen hat und vormals ein Schloss war, welches sich der italienische Festungsbaumeister Graf Rochus Guerini zu Lynar gebaut hatte. Im Lynarschen Schloss nächtigte der Schwedenkönig Gustav Adolf zweimal. Beim zweiten Mal, unterwegs vom Schlachtfeld bei Lützen ins heimatliche Stockholm, benötigte er kein Bett. In seinem Sarg schlief er bereits den ewigen Schlaf.

Lynars Nachkommen verkauften das Schloss 1686 an den Großen Kurfürsten. Der ließ darin ein Manufaktur- und Spinnhaus einrichten, eine Art früher Justizvollzugsanstalt, wie es sie zeitweise auf der Packinsel in der Spree vor der Südspitze Cöllns gab. In Spandau nahm das mehrfach umgebaute und um ein danebenliegendes Brauhaus erweiterte Gebäude schließlich die gesamte Fläche zwischen Kloster- (heute Carl-Schurz-), Charlotten-, Jüden- und Moritzstraße ein.

Über die Bedingungen in dem gefürchteten Zuchthaus geben zwei beiläufige Bemerkungen in der Spandauer Chronik

Auskunft. 1820 wurde der »allgemein beliebte und geachtete Oberinspektor Luft« von einem Strafgefangenen, der wegen eines Streits mit Peitschenhieben bestraft werden sollte, durch zwei gutgezielte Messerstiche getötet. Zehn Jahre später revoltierten die männlichen Gefangenen. »Zur Unterdrückung des Aufruhrs mußten die Wachmannschaften von der Waffe Gebrauch machen, wobei drei Strafgefangene getötet und acht verwundet wurden . . .«

Der Juliusturm in Spandau ist das älteste im heutigen Berliner Stadtgebiet vorhandene Bauwerk. Seine Verliese dienten von alters her als Gefängnis. Schon um 1400 hieß es bedrohlich: »einen mit dem Julius bestrafen«. Sogar einer der Quitzows – eine unrühmlich bekannte Raubrittersippe aus der Prignitz – soll in dem einstigen Bergfried eingesessen haben. Der blieb von der alten Askanierburg übrig, nachdem 1560 die Zitadelle errichtet worden war. Das Festungsgefängnis befand sich fortan im sogenannten »Kavalier« der Nordwest-Bastion Kronprinz. Dieser Ort war gemeint, wenn die kurfürstliche Order lautete: »Nach Spandow bis zur Beßerung.« Staatsverbrecher wie die schöne Gießerin Anna Sydow, die 1675 im Juliusturm starb, der Flottenadmiral des Großen Kurfürsten, der Staatsminister von Danckelmann und der Turnvater Jahn gehörten zu den unfreiwilligen Insassen.

Schwarzenbergs Tod

Abgesehen von seinen schaurigen Stätten hat Spandau auch düstere Geschichte aufzuweisen – beispielsweise die des Grafen Schwarzenberg, von dem viele glaubten, er sei keines natürlichen Todes gestorben. Der verhasste Schwarzenberg war während des Dreißigjährigen Krieges kurfürstlicher Statthalter gewesen und kam beim Amtsantritt des Großen Kurfürsten in Bedrängnis. Zusätzlich verwickelte er sich in eine unlautere Geschichte. Kriegsrat von Zastrow, der als Gast bei ihm weilte, geriet an Schwarzenbergs Tafel mit dessen Kammerjunker von Lehndorff aneinander. Zastrow gab dem Kammerjunker eine Ohrfeige, der griff zum Degen und erstach ihn vor Schwarzenbergs Augen. Mit der heimlichen Hilfe seines Herrn gelang es dem Mörder zu entfliehen.

Schwarzenberg starb drei Wochen später am Schlagfluss. Er wurde einbalsamiert und in der Spandauer Nikolaikirche beigesetzt. Der Abscheu der Berliner, die ihn für einen Verräter in österreichischem Sold hielten, galt ihm noch nach seinem Tode. Es hieß, der junge Kurfürst hätte ihn heimlich verurteilt und hinrichten lassen. Sein später lose im Sarg aufgefundener Schädel schien das zu bestätigen. 1777 ließ der Alte Fritz deshalb die Leiche untersuchen. Doktor Heim befand alle Wirbel für intakt, womit die Hinrichtungsthese zwar widerlegt, aber nicht aus der Welt war.

Die Schließung des Spandauer Zuchthauses

Das Spandauer Zuchthaus wurde 1872 aufgelöst und anschließend weitere 25 Jahre als »Schlosskaserne« genutzt, denn die Festung Spandau war eine Stadt des Militärs und der Kasernen. Die gewaltigen Festungsanlagen westlich der Altstadt wurden erst 1903 aufgelassen.

Fünf Jahre nach der Auflösung des Zuchthauses baute man 1877 das neue, hochsichere Festungsgefängnis an der Wilhelmstraße, das in der zweiten Hälfte des 20. Jahrhunderts als Kriegsverbrechergefängnis zu unseligem Ruhm gelangte. Die NS-Größen Baldur von Schirach, Albert Speer und Rudolf Hess saßen hier unter alliierter Kontrolle ihre verdienten Strafen ab.

Der Juliusturm geriet noch einmal ins Gerede, seit man nach 1871 hinter seinen dicken Mauern den Reichskriegsschatz von 120 Millionen Mark in geprägten Goldstücken aufbewahrte, Teil jener von Frankreich gezahlten »Kriegsentschädigung«, der Preußen den Reichtum der Gründerjahre verdankte. Nach dem nächsten Krieg zahlte man mit dem Gold einen Teil der in Versailles auferlegten Reparationen zurück. Zum Schutz des Goldes im Juliusturm wurde 1882–88 das heute noch existierende Fort Hahneberg als letzter Festungsneubau in Deutschland errichtet.

Die Berliner Hausvogtei

Nach diesem Ausflug in die bis 1920 selbständige Stadt Spandau wenden wir uns der Berliner Kerkerszene zu. Für die Streitigkeiten zwischen den Hofbediensteten und zwischen Junkern und Bürgern war der kurfürstliche, später königliche Hausvogt zuständig. Seine Hausvogtei befand sich ursprünglich im Schloss. Um 1700 wurde das Arrestlokal des Hofgerichts in die Unterwasserstraße auf dem Werder verlegt. Es war ein schmaler Bau mit rechteckigem Grundriss und kurzer Front zum Werderschen Markt, direkt neben der späteren Münze. Bei deren Erweiterung zog die Hausvogtei 1750 an ihren endgültigen Standort auf der einstigen Bastion III der Festungsanlage, ein Stallgebäude des alten Jägerhofs zwischen der Einmündung der Oberwall- und der

Niederwallstraße. Auf zwei Höfen wurden Gefängnisse mit Dunkelzellen eingerichtet. Der Journalist Ernst Dronke hat sie kennengelernt:

Blechblenden gehen von der unteren Fensterwand schräg hin-auf bis in Fensterhöhe, durch den oben entstandenen Raum fällt das Tageslicht auf eine Stelle des Gemachs eines Quadrat-fußes, und der Gefangene ... sitzt in diesem grausamen Halb-dunkel vereinsamt ...

Solche Blechblenden waren im sowjetischen Militärgefängnis in der Lichtenberger Magdalenenstraße noch bis 1955 üblich, und im »U-Boot«, dem Stasi-Knast in Hohenschönhausen, litten Hunderte Gefangene bis 1961 unter schlimmeren Bedingungen als in der Hausvogtei.

In der Hausvogtei saßen Fritz Reuter, der Attentäter Tschech, von dem noch zu berichten ist, und der preußische Messias und Wunderheiler Rosenfeld. Erst 1891 wurden die Gebäude abgerissen für einen Neubau der Reichsbank. Der heutige Hausvogteiplatz zeigt noch den unregelmäßigen Grundriss der alten Festungsbastion.

Die Berliner Stadtvogtei

Im Kalandshof, der vorher Eigentum der Marienkirche und bis 1540 Sitz der Kalandsbrüder gewesen war, richtete die Stadt 1698 das Stadtgefängnis ein. Der Hof lag nordöstlich der Marienkirche in der Klosterstraße, Ecke Neue Gasse. Die Kalandsbruderschaft war wegen übler Sauferei und ähnlicher Delikte aufgelöst worden.

Knapp hundert Jahre später reichten die finsteren Verliese des Kalandshofs nicht mehr aus. Deshalb bezog die Stadtvogtei 1791 die Hofgebäude am Molkenmarkt 1–2 bis hinunter zur Spree. Im ehemaligen Schwerinschen Palais, das heute noch am Molkenmarkt steht, befand sich seit 1794 auch das Kriminalgericht.

In der Stadtvogtei herrschten Zustände wie in einem Gefängnis der Stalin-Ära. Ernst Dronke kann auch hier als Zeuge gelten:

In einem Gemach liegen oft mehr als zehn Personen zusammen auf dem Fußboden ... Auf den Gängen und in den Gemächern herrscht ein pestilenzialischer Geruch, vor welchem selbst die Gefängniswärter bei der Morgeninspektion tiefsten Ekel empfinden. Für die Bedürfnisse der sämtlichen Gefangenen ist ein einziger Nachteimer bestimmt.

Die Stadtvogtei wurde mehrfach erweitert, entsprach aber dem gewaltigen Wachstum der Stadt nicht mehr. Man betrieb deshalb um 1870 Nebenstellen in der Perleberger Straße in Moabit und weit draußen im Osten in Rummelsburg. Der trostlose Bau am Spreeufer vor dem Mühlendamm aber bestimmte lange das Bild Berlins, so wie das neue backsteinerne Polizeipräsidium als größter Bau Berlins seit 1889 den Alexanderplatz dominierte. In den Resten der Stadtvogtei saßen auch nach 1945 noch Häftlinge ein, und die Haftanstalt in der Dircksenstraße neben dem Polizeipräsidium blieb bis Anfang der fünfziger Jahre in Betrieb.

Vater Philipp und die aufblühende
Berliner Kerkerszene

Eine weitere berüchtigte Adresse war die Militärarrestanstalt Lindenstraße 36/36 a, »Vater Philipp« genannt, im südlichen Flügel des Kasernenbaus an der Ritterstraße. Dort befanden sich 134 Arrestzellen, zehn Gerichtszimmer und dazu die Wohnung des preußischen Platzmajors von Berlin, den Friedrich Wilhelm III. bei seiner Flucht nach Memel als einzigen Militär samt allen Waffen im Zeughaus in Berlin zurückgelassen hatte. Der Bau wurde 1904 für ein neues Postamt abgerissen.

In der zweiten Hälfte des 19. Jahrhunderts brach in der aus allen Nähten platzenden preußischen Metropole, die 1871 zur Hauptstadt des Deutschen Reiches wurde, ein wahrer Bauboom für Gefängnisse aus. In Moabit entstand in der Lehrter Straße schon 1842–47 ein Gefängnisbau in moderner »philadelphischer« Strahlenform mit drei kreisrunden Spazierhöfen. Er war für die Verbüßung von Zuchthausstrafen bis zu vier Jahren in Einzelhaft gedacht, obwohl die Einzelhaft dem Strafgesetzbuch widersprach. Zu ihrer halbstündigen Freistunde wurden die Gefangenen mit Kapuzen über dem Gesicht in die getrennten Käfige im Hof geführt, ähnlich denen, die hundert Jahre später die Staatssicherheit der DDR für ihre Häftlinge benutzte. Das Zellengefängnis Moabit, wie es offiziell hieß, diente seinem Zweck bis zum Januar 1955, dann zogen 300 Häftlinge – darunter 56 Lebenslängliche – in den für rund eine Million Mark mit 308 Einzelzellen und 24 Gemeinschaftszellen für je drei Insassen errichteten Zuchthaus-Neubau nach Tegel.

Von den 306 in Moabit registrierten Widerstandskämpfern

des 20. Juli erlebten nur 35 das Ende der NS-Diktatur. Albrecht Haushofer und 17 weitere politische Häftlinge wurden in der Nacht des 23. April 1945 auf dem heutigen Vorplatz des Hauptbahnhofs von den SS-Wachmannschaften erschossen. Drei Tage später besetzte die Rote Armee das Gefängnis, entließ alle Häftlinge und nahm das verbliebene Wachpersonal fest.

In den Jahren 1868–76 baute die Stadt Berlin das Strafgefängnis Plötzensee. Nach der Reichsjustizreform von 1875 wurde 1877–82 das Kriminalgericht Moabit mit dem dahinterliegenden Untersuchungsgefängnis errichtet. Dieses alte Kriminalgericht brannte im Zweiten Weltkrieg aus und wurde 1953 abgerissen. Seitdem dominiert das strahlenförmig angelegte Untersuchungsgefängnis die Ecke Alt-Moabit/ Rathenower Straße.

Die Statistik weist für das Jahr 1896 für Berlin ohne Köpenick, Spandau und die umliegenden Landgemeinden insgesamt 5006 Gefangene aus – eine Zahl, die der heutigen nahe kommt. Im Oktober 1898 nahm in der Seidelstraße in Tegel ein weiteres Gefängnis den Betrieb auf. Bald folgten Gefängnisse auch in den umliegenden, erst 1920 eingemeindeten Stadtteilen, die zum Teil noch heute vorhanden sind. Das Lichtenberger Stadtgefängnis zwischen Alfred- und Magdalenenstraße diente in den NS-Jahren als Frauengefängnis, aus dem im März 1945 zwei als Dachdecker beschäftigte Häftlinge flohen. Der eine hieß Erich Honecker und heiratete wenig später eine ehemalige Gefängnisaufseherin. Aus der sogenannten »Magdalene« machte die sowjetische Militäradministration eines ihrer Speziallager; im ehemaligen Betsaal des Stadtgefängnisses sprach das SMA-Tribunal seine drakonischen Urteile aus. 1953 vermachten die Sowjets den

Knast dem gegenüberliegenden Ministerium für Staatssicherheit, das darin bis Ende 1989 eine Untersuchungshaftanstalt und ein Vernehmungszentrum mit speziellen Räumen für auswärtige Besucher und Rechtsbeistände einrichtete. Einige Jahre stand der U-förmige Bau leer, dann wurde er erweitert und dient heute als JVA »Alfred« wieder als Frauengefängnis.

Der Ochsenkopf

Am Rummelsburger See kann man heute exquisit in den äußerlich kargen Ziegelbauten einer bis 1990 genutzten Strafanstalt wohnen. Dort war 1853 zunächst ein Hilfsstrafgefängnis entstanden, 1854–59 dann das Friedrich-Waisenhaus der Stadt Berlin, bevor 1877 die »Städtische Arbeits- und Bewahranstalt« hierher verlegt wurde, der sogenannte Ochsenkopf. Der Ochsenkopf war ursprünglich das Zunftzeichen am ersten Berliner Arbeitshaus von 1742, dem ehemaligen Schlächtergewerkshaus Belle-Alliance-Platz 11. Ab 1758 erhob sich der neuerbaute Ochsenkopf am Alex, ein großes graues Haus in der Alexanderstraße 1–4 mit langgestreckten Fronten zum Alexanderplatz und zur Straße gewandt, das mehrere Höfe umschloss und bis zum Ufer des Spreearms reichte, der hier die Königstadt durchschnitt. Ursprünglich errichtet, um die Haus- und Straßenbettelei zu steuern, wurde es schnell zum Depot der unter Polizeiaufsicht stehenden »liederlichen, sich umher treibenden Dirnen und der zu einer Korrektionsstrafe verurteilten Personen; ein Arbeits- und Aufenthaltshaus außerdem für die Armen und Elenden, Wahn- und Blödsinnigen, Siechen und Kranken«. Erst nach 1863 wurden die städtische Irrenanstalt an der Waisenbrücke und das Siechenhaus in der Neuen Friedrichstraße eingerichtet und die Prostituierten in die Stadtvogtei eingewiesen.

Im Ochsenkopf am Alex fanden nur noch Obdachlose mit Familie, Bettler und Arbeitsscheue ihr unfreiwilliges Quartier. Für renitente Wiederholungstäter unter zwanzig gab es immer noch die Prügelstrafe; die Tretmühle wurde endlich abgerissen. Die Idee zu diesem Foltergerät stammte aus England, wo es zuerst im Zuchthaus Brixton angewendet worden war. Die Stadt Berlin zeigte sich seit 1823 interessiert an der Maschine. Im Januar 1835 wurde mitgeteilt, dass Seine Majestät »mittelst Allerhöchster Ordre vom 3. d. M. die Anlegung einer Tretmühle im Arbeitshause, so wie eines Betrages von 2000 Rth zu den Kosten der Einrichtung derselben zu genehmigen geruht habe«. Der Mühlenbauer Winter in der Neuen Schönhauser Straße 16 baute das abschreckende »Correctionsmittel für rückfällige Bettler«. Es kostete 2388 Reichstaler. Täglich 13 Stunden traten ein Dutzend Männer, die nicht miteinander reden durften, wie Soldaten beim Marschieren sechzig bis siebzig Schritte in der Minute und mahlten dabei Düngergips.

Die schnell wachsende Großstadt machte auch die Errichtung von Asylen für die Ärmsten der Armen notwendig. 1869/70 wurden in der Dorotheenstraße und in der Füsilierstraße im Scheunenviertel (auf dem heutigen Rosa-Luxemburg-Platz) Frauenasyle eröffnet, 1873 folgten ein Männerasyl in der Büschingstraße und 1896 eines in der Wiesenstraße in Wedding.

Das Obdachlosenasyl, die »Palme«, befand sich ab 1877 in den ehemaligen Cholera-Seuchenbaracken in der Friedenstraße, ab 1887 in der Fröbelstraße nahe der Prenzlauer Allee.

Eine schaurige Liste

Ausreichend Haftplätze gab es in Berlin anscheinend zu keiner Zeit. Als die Nationalsozialisten ihre Herrschaft antraten, reichten die vorhandenen Gefängnisse für die festgenommenen politischen Gegner nicht aus. »Wilde« KZ und zusätzliche Haftträume wurden eingerichtet, von denen das Columbiahaus zu besonders schaurigem Ruhm gelangte. Das am Tempelhofer Columbiadamm gelegene Konzentrationslager wird gelegentlich mit dem Columbushaus am Potsdamer Platz verwechselt, das am 17. Juni 1953 in Brand gesetzt, später abgerissen und mit dem abgeräumten Lenné-Dreieck an West-Berlin verkauft wurde.

Das Columbiahaus, nach 1896 als Gerichts- und Gefängnisgebäude für die Gardefüsiliere der gegenüberliegenden Kasernen erbaut, diente nach dem Ersten Weltkrieg als Amtsgefängnis. 1933 standen die 156 Arrestzellen leer, als sich im Gerichtsgebäude Görings Hilfspolizeibereitschaft z.b.V., der Kern der späteren Leibstandarte Adolf Hitler, einquartierte. Ab Juli 1933 wurde der Gefängnisbau mit bis zu 450 Verhafteten gefüllt. Insgesamt durchliefen etwa 8000 Häftlinge den schaurigen Ort, darunter der Publizist Kurt Hiller, der Sekretär der Internationalen Förderation der Polizeibeamten Emil Winkler, der an der Folgen der Folterungen verstarb, die Kommunisten Erich Honecker, Karl Schirdewan, Werner Seelenbinder und Ernst Thälmann.

Das Columbiahaus galt als ein Ort besonderer Greuel, in dem es zu mehreren Morden kam. Hier verdienten sich die späteren KZ-Kommandanten von Dachau, Sachsenhausen, Flossenbürg, Majdanek und Auschwitz ihre Sporen. Offizielles KZ war es vom 27. Dezember 1934 bis zum Umzug nach

Sachsenhausen bei Oranienburg am 5. November 1936. Das Gelände wurde für den Ausbau des Flughafens Tempelhof gebraucht, die Bebauung Ende 1938 beseitigt.

An das einstige KZ erinnert heute eine Gedenkstele an der Ecke Golßener Straße, die sich dank alliierter Vorbehalte allerdings nicht am Standort des Columbiahauses befindet. Das Columbiahaus diente unter anderem auch als Gestapo-Gefängnis für Häftlinge, deren Verhöre noch nicht abgeschlossen waren und für die der Platz in der eigentlichen Folterhölle der Gestapo in der Prinz-Albrecht-Straße 8 nicht ausreichte. Dort richtete die Gestapo Anfang Mai 1933 in der ehemaligen Kunstgewerbeschule neben dem Gropius-Bau ihr Hauptquartier ein. Inzwischen waren in nahezu alle Gebäude zwischen Prinz-Albrecht-Straße und Anhalter Straße SS-Dienststellen eingezogen. Im ehemaligen Prinz-Albrecht-Palais, ursprünglich ab 1737 für den Baron Vernezobre de Laurieux in der Wilhelmstraße errichtet und 1830–32 von Schinkel umgebaut, residierte seit 1934 der Sicherheitsdienst (SD) der SS unter Reinhardt Heydrich. Aus dem ehemaligen Hotel Prinz Albrecht neben dem Gestapo-Hauptquartier wurde das »SS-Haus«. Die Prinz-Albrecht-Straße 8 blieb nach Gründung des Reichssicherheitshauptamtes (RSHA) im September 1939 dessen Zentrale und galt als offizielle Adresse des Reichsführers SS, Himmler, und seines persönlichen Stabes.

In den Räumen des gefürchteten Geheimen Staatspolizeiamtes (Gestapa) und in den Kellerräumen im Hof spielten sich grauenerregende Folterszenen ab. Hunderte politischer Häftlinge wurden hier gefoltert und drangsaliert, darunter die Sozialdemokraten Rudolf Breitscheid, Franz Neumann, Franz Künstler, Carlo Mierendorff, Kurt Schumacher und Fritz Erler, die Kommunisten John Sieg (der sich in der Prinz-

Albrecht-Straße das Leben nahm), Ernst Thälmann und Erich Honecker. Der Kabarettist Werner Finck und der Hitler-Attentäter Georg Elser saßen »nur« während ihrer Verhöre hier, der Publizist Berthold Jacob, den die Gestapo im Ausland zweimal entführte, verbrachte 1935 mehrere Monate und ab 1941 weitere zwei Jahre in den Kellerzellen. Er verstarb 1944 an den Folgen der Haft.

1942 durchliefen die Frauen und Männer der »Roten Kapelle« die Torturen der Prinz-Albrecht-Straße, bevor sie fast alle in Plötzensee hingerichtet wurden; der Schriftsteller Günther Weisenborn und der ehemalige preußische Minister Adolf Grimme kamen von hier aus ins Zuchthaus.

Einen letzten schrecklichen Höhepunkt bildeten die zahllosen Verhaftungen nach dem fehlgeschlagenen Hitler-Attentat vom 20. Juli 1944. Wieder wurde brutal gefoltert, um Aussagen zu erpressen. Selbst führende Militärs und Geheimdienstler wie Hans Oster, Hans Speidel und Wilhelm Canaris wurden in die Gestapo-Zentrale eingeliefert und dort verhört. Canaris und Oster wurden zusammen mit dem Theologen Dietrich Bonhoeffer noch im April 1945 im KZ Flossenbürg hingerichtet, während die meisten anderen Verschwörer oft noch am Tag ihrer Verurteilung in Plötzensee starben.

Den nur als Ruinen erhaltenen Bauten der einstigen SS-Zentrale schenkte man im Nachkriegsberlin keine besondere Aufmerksamkeit. Mitte der fünfziger Jahre entledigte man sich ihrer durch Sprengung und großflächige Enttrümmerung. Die Errichtung der Berliner Mauer besiegelte 1961 endgültig das Schicksal des Geländes, das eine »Zwischennutzung« als Baustofflager und Autodrom erfuhr. Erst in den achtziger Jahren tauchten erste Pläne zu einer denkmalgerechten Nutzung auf. 1986 wurden erstmals Kränze auf dem ausgegrabenen Zellenboden des »Hausgefängnisses« niedergelegt, ein Jahr später, anlässlich der 750-Jahr-Feier der Stadt, machte die »Topographie des Terrors«, vorerst als Provisorium, einen Teil der Geschichte des Areals sichtbar.

Danach begann eine in Berlin übliche Geschichte: ein Neubau, dessen Kosten ins Uferlose wuchsen, Abriss, neuer Wettbewerb und neuer Neubau, der im Mai 2010 endlich eröffnet wurde.

Inzwischen haben die jüdischen Opfer des Nationalsozialismus und die Sinti und Roma nicht zu übersehende Denkmäler in Berlin erhalten. Überall in der Stadt erinnern »Stolpersteine« an die Deportierten und Ermordeten. Viele Sinti und Roma wurden zunächst im Sammellager Marzahn interniert und später nach Auschwitz-Birkenau deportiert. An die etwa 600 Sammel- und Zwangsarbeiterlager im Stadtgebiet erinnern nur wenige Gedenktafeln.

Das größte von der Gestapo geführte Arbeitserziehungslager Wuhlheide befand sich auf dem Gelände des Friedrichsfelder Schlossparks. Dort existierte seit 1938 das Gemeinschaftslager Wuhlheide der Reichsbahnbaudirektion, in dem »Arbeitsscheue« oder Juden, die gegen die zahlreichen diskriminierenden Auflagen verstoßen hatten, und später vor allem ausländische Zwangsarbeiter interniert waren.

Die Gestapo pachtete einige Baracken der Reichsbahn und nutzte das Arbeitserziehungslager als erweitertes Gefängnis auch für politische Häftlinge, alle Inhaftierten mussten täglich zwölf Stunden schwerste Arbeiten auf den Reichsbahn-Baustellen ausführen. Insgesamt wurden wahrscheinlich etwa 30 000 Menschen hier gequält, von denen 2000 bis 3000 das Lager nicht überlebten. Als die Rote Armee die Lager am 22. April befreite, fand sie nur noch etwa 50 Insassen.

Am südlichen Rand des Tierparks, auf dem Weg vom Streichelzoo zum Alfred-Brehm-Haus, befindet sich seit 1981 eine Gedenktafel für das Lager.

Eine zutiefst humanistische Gesellschaftsordnung?

Der Einmarsch der Sowjetarmee in die zerstörte Stadt Ende April 1945 bedeutete endlich die Freiheit für die überlebenden Gefangenen der NS-Diktatur. Die Nationalsozialisten wurden nun selber zu Gejagten und in den verschiedenen Stadtteilen an teils obskuren Orten interniert. Dass dabei neben echten »Würdenträgern« des NS-Regimes zunehmend auch Denunzierte, politisch Unbequeme, ja mitunter von den Nationalsozialisten Verfolgte in die sowjetischen Fänge gerieten, darf nicht unerwähnt bleiben. In zwei ehemaligen nationalsozialistischen Zwangsarbeitslagern und auf dem Gelände einer Großküche in Hohenschönhausen legte ein Kommando des NKWD ab Juni 1945 das Speziallager Nr. 3 an, in dem unter anderen der Schauspieler Heinrich George interniert war. In dem Sperrgebiet lag außerdem ein Haftarbeitslager, das Ende 1948 aufgelöst wurde.

Im Oktober 1946 überführte man die Häftlinge des Speziallagers in das ehemalige KZ Sachsenhausen und übergab das gesamte Gelände in der Genslerstraße dem sowjetischen Ministerium für Staatssicherheit (MGB), das hier sein zentrales Untersuchungsgefängnis für Deutschland installierte. Dazu ließ man im Keller der ehemaligen Großküche einen Zellentrakt einbauen, das gefürchtete »U-Boot«. Die sechzig engen, feuchtkalten und vielfach fensterlosen Zellen wurden im Frühjahr 1947 erstmals mit Häftlingen belegt.

Nach der Gründung der DDR im Oktober 1949 zogen sich die sowjetischen Behörden Schritt für Schritt aus dem Gebiet Hohenschönhausen nach Karlshorst zurück und überließen es dem im Februar 1950 gebildeten Ministerium für Staatssicherheit (MfS) der DDR. Beim MfS bestand dringender Platzbedarf für die Unterbringung von Untersuchungshäftlingen, die man vorher u.a. im Luftschutzbunker Albrechtstraße, Ecke Reinhardtstraße gefangen gehalten hatte. Hier war (wahrscheinlich am 31. August 1950) Mielkes alter Kampfgefährte und Wohltäter, der Reichsbahnpräsident Willy Kreikemeyer, unter bis heute ungeklärten Umständen ums Leben gekommen. Nach einem Verhör durch Mielke hatte er sich angeblich mit Hilfe von drei Taschentüchern erhängt.

Mielkes Mannen übernahmen 1951 das U-Boot und errichteten im Dezember 1952 auf dem Nachbargrundstück wiederum ein Haftarbeitslager für Strafgefangene, die die umfangreichen Reparatur- und Neubauarbeiten ausführen mussten, das sogenannte Lager X. Nach und nach siedelten sich in dem immer noch vorhandenen, ja expandierenden Sperrbezirk etliche andere Diensteinheiten des MfS an, die z.B. den aus der UdSSR zurückgeführten Aktenbestand aus der NS-Zeit sichteten und verwalteten. Erst ab 1959 ließ man die Häftlinge des Lagers X ein neues, oberirdisches Zellengefängnis errichten.

Außerdem bauten sie in der Umgebung Wohnungen für MfS-Bedienstete, ein Heizkraftwerk und zwei Reparaturhallen für Kfz. In den siebziger Jahren entstanden weitere Bauten für die Abteilung Nachrichten und für den operativtechnischen Sektor OTS (sprich: Spionagetechnik).

Über die Geschichte des Sperrgebiets und über die Haftbedingungen im U-Boot, das bis 1961 vor allem für die wichtigsten Häftlinge des MfS in Betrieb war, kann man sich in der Gedenkstätte Hohenschönhausen informieren.

In Mielkes ehemaligen Diensträumen im Haus 1 in der Lichtenberger Normannenstraße ist die gesamte MfS-Geschichte dokumentiert – kein schauriger, sondern im Gegensatz zu Hohenschönhausen eher ein staubig-bürokratischer Ort. Mielke hatte sein Ministerium 1950 im ausgebauten ehemaligen Lichtenberger Finanzamt Normannen-, Ecke Magdalenenstraße eingerichtet, günstig zwischen zwei Kirchen, Amtsgericht, Gefängnis und sowjetischer Kommandantur (später Polizeiinspektion) gelegen und ausbaufähig, wie sich zeigen sollte. Im Verlauf von drei Jahrzehnten wurde aus der kleinbürgerlichen Wohngegend mit Läden, Kleingärten und denkmalgeschützten Bruno-Taut-Bauten ein ausgedehnter Hochsicherheits-Sperrbezirk mit abweisend vergitterten Betonhochhäusern samt grauem Wohnumfeld für die Mitarbeiter. Die Pläne für einen weiteren Ausbau lagen bereit, doch am 15. Januar 1990 stürmten Bürgerrechtler, unter die sich mancherlei andere Interessenten gemischt hatten, die Stasi-Zentrale und besetzten sie. In dem ausgedehnten und zum Teil leerstehenden Gebäudekomplex haben sich neben dem Stasi-Museum kommunale Behörden eingerichtet. Nur im nahen U-Bahnhof Magdalenenstraße künden denkmalgeschützte Malereien noch von den revolutionären Großtaten der Tschekisten.

Gerechtigkeit ist ein schön' Ding

Der Ritter Lindenberg

»Gerechtigkeit ist ein schön' Ding – aber es gibt auch Justiz.«
Der weise Spruch des Berliner Schriftstellers Adolf Glass-
brenner galt wohl zu allen Zeiten, und die kleinen Leute hatten es schon immer schwerer, ihr Recht zu erlangen, als die
Großkopfeten.

Zur Zeit Joachims I. beteiligten sich dessen Hofleute gerne
an Raubzügen, die zu einer Art Hofsport ausarteten. Eines
Abends war bei Elsholz ein Berliner Kaufmann »aus dem
Stegreif« überfallen, ausgeraubt und gefesselt in den Sumpf
geworfen worden. Wider alle Erwartungen konnte er sich
befreien und gelangte nach Berlin. Er hatte in einem der Räuber einen der adligen Herren vom kurfürstlichen Hof erkannt
und erhob nun vor Joachim Klage. Auf die Anzeige hin ver-
sammelte der Kurfürst den gesamten Hof im Schlosssaal. Auf
Anhieb und ohne Zweifel identifizierte der Kaufmann »einen
schönen jungen Edelmann, der sich der besonderen Gunst
des Kurfürsten erfreute, den Ritter von Lindenberg«.

Lindenberg versuchte gar nicht erst zu leugnen. Er bot
dem Überfallenen eine hohe Entschädigung an, wurde aber
dennoch zum Tod durch den Strang verurteilt. Obwohl der
märkische Adel eine Abordnung entsandte, die vergeblich um
Gnade bat, bestätigte der Kurfürst das Urteil. Joachim wusste,
weshalb er das tat: Er war an Steuereinnahmen des Handels
interessiert und nicht an der um sich greifenden Raubritterei.

Der Adel verzieh ihm das nicht. Unter dem Ritter von
Otterstedt verschwor man sich gegen Joachim, der plötzlich

alleine dastand. Die Verschwörer wollten ihn beim Jagd-ausflug vom Schloss Köpenick aus töten und schrieben ihm einen warnenden Vers an die Tür:

Jochimken, Jochimken, hüte dy!
Wo wy dy kriegen, da henken wy dy!

Bei ihrem Treffen im Wald von Köpenick wurden sie be-lauscht, ein Bauer meldete dem Kurfürsten den Vorfall. Der nahm, wie berichtet wird, furchtbare Rache, und in der Mark herrschte einige Zeit Ruhe vor dem adligen Raubgesindel.

Hans Kohlhase

Nicht immer ging der Kampf um die Gerechtigkeit so güns-tig aus. Ein berühmtes Beispiel dafür ist Hans Kohlhase, den Heinrich von Kleist mit seiner Novelle *Michael Kohlhaas* un-sterblich gemacht hat. Dass Kleist sich dabei nicht allzu eng an die historischen Tatsachen hielt, sei ihm verziehen. War doch auch sein blutjunger Held, der als *Prinz von Homburg* in die deutsche Literatur einging, in Wahrheit ein hinkender Krüp-pel von gut 45 Jahren, genannt der Landgraf mit dem silbernen Bein, der stets nur brav seinen Dienst versehen hatte und mit einer zwanzig Jahre älteren Witfrau verheiratet gewesen war.

Der echte Hans Kohlhase jedenfalls besaß in der Fischer-straße 27 in Cölln ein winziges Anwesen, in dem er einen Handel mit Speck, Honig und Heringen betrieb – nach Berli-nischem Sprachgebrauch also ein »Heringsbändiger«. Nach andern Quellen soll er ein wohlhabender »Rosskamm«, ein Pferdehändler, gewesen sein.

Hans Kohlhase zog im Oktober 1532 zur Sankt-Michaelis-Messe gen Leipzig. Es war die Zeit der beginnenden Reformation, keine auffallend unruhige Epoche in der märkischen Geschichte. Dennoch wurde der kleine Trupp auf sächsischem Gebiet kurz hinter der Mulde von den Knechten des »Gans Edlen Herrn Günter von Zaschwitz, Erb-, Lehens- und Gerichtsherr auf Schnaditz und Wellaune« – Orte, die sämtlich noch existieren – aufgehalten und sollte Wegegeld zahlen. Außerdem behaupteten Zaschwitz' Büttel, zwei der Pferde seien gestohlen. Wutschnaubend musste Kohlhase die beiden Rappen zurücklassen. Er kam zu spät in Leipzig an, das Messegeschäft war ihm entgangen. Immerhin konnte er von der sächsisch-kurfürstlichen Kanzlei einen Befehl gegen den Junker erwirken. Hohnlachend gab der ihm seine Pferde abdeckerreif zurück.

Zu Hause in Cölln musste Kohlhase sein Gehöft verkaufen, um seine Schulden zu bezahlen. Erneute Eingaben beim sächsischen Kurfürsten Johann Friedrich und beim Brandenburger Joachim Nestor brachten ihm beim Sühnetermin auf Burg Düben nur neuen Hohn. Darauf sagte Kohlhase am 14. März 1534 dem sächsischen Kurfürsten den Krieg an:

Da ich denn nun nicht mehr denn meinen Leib und mein Leben vorzusetzen habe, so will sichs gebühren, dass ich meine Ehre und meinen Glimpf, wie dies einem Ehrliebenden zusteht und welche mir mit keinem Gold und keinem Silber bezahlbar sind, zur Notdurft verteidige ...

Gemeinsam mit seinem Schwager Georg Nagelschmidt, einem ehemaligen Landsknecht, sammelte Kohlhase fünfzig Männer um sich. Die Schar nahm ihr Hauptquartier auf einem kleinen

Werder in der Havel – nicht weit von Cölln, in der Krummen Spree, wie es heißt. Dass Kohlhase bei seinem ersten Unternehmen mit zwanzig Mann das Schloss Zaschwitz überfallen und in Brand gesetzt haben soll, gehört wohl ins Reich der Sagen. Dennoch floh Zaschwitz nach Wittenberg, dessen Vorstadt Kohlhases Trupp am 9. April 1534 in Flammen setzte.

Von Teupitz, Zossen und Treuenbrietzen aus unternahm Kohlhase Streifzüge weit ins Sächsische hinein. In den märkischen Dörfern und Städten konnte er sich sicher fühlen. Das Volk hielt zu ihm. Unter seinen Männern achtete er auf strenge Disziplin; er ließ keine Grausamkeiten und keine persönliche Bereicherung zu. Die Beute wurde versteckt, um später zurückgegeben zu werden. Gerne verhöhnte er die ausgesandten Häscher, schlich sich verkleidet unter sie und nahm angeblich sogar ihre Zehrungsgelder in Empfang.

Nachdem Zaschwitz im November 1534 einem Schlagfluss erlegen war, versuchte der sächsische Kurfürst, Kohlhase zu Verhandlungen nach Wittenberg zu locken. Der war klug und schlug Jüterbog als Verhandlungsort vor, eine kurfürstliche Enklave im magdeburgischen Gebiet. Er verlangte und erhielt einen Geleitbrief für freies Kommen und freien Abzug. Aus Berlin schickte Kurfürst Joachim seinen Sekretär von Schlieben zu den Verhandlungen. Kohlhase wandte sich an Luther, traf ihn und Melanchthon angeblich sogar in Luthers Haus. Luther zeigte Verständnis für Kohlhase, empfahl ihm aber, das Unrecht in Geduld zu ertragen und sich demütig der himmlischen Vorsehung zu unterwerfen.

Als Hans Kohlhase am 6. Dezember 1534 in Jüterbog eintraf, begrüßte ihn das Volk mit Freudengeheul, während die kurfürstlichen Unterhändler unter Wittenbergs Landvogt Hans von Metzsch mit Hohn und Spott empfangen wurden.

In zähen Verhandlungen verlangte Kohlhases Haupt-anwalt, Magister Johann Genzke aus Berlin, von der Zasch-witz-Sippe eine öffentliche Ehrenerklärung für seinen Mandanten, dazu 1200 Gulden Schadenersatz und völlige Straffreiheit. Die Gegenseite versuchte, den Rechtsstreit in die Länge zu ziehen, bis Kohlhase ungeduldig ein Ultimatum stellte und eine Einigung noch in der gleichen Woche ver-langte. Die bestand schließlich in einer Entschuldigung in aller Form und einer Abfindung von 600 Gulden.

Als Mann von Ehre hielt Kohlhase sein Wort und stell-te den Krieg ein. Die Zaschwitzens hingegen intrigierten so lange am kurfürstlichen Hof, bis Johann Friedrich den Ver-trag annullierte. Zwei gefangene Anhänger Kohlhases wur-den aufs Rad geflochten. Daraufhin sammelte Kohlhase eine neue Schar, und die Straßen wurden unsicherer als je zuvor. Kohlhases Mannen überfielen die Stadt Zahna und jagten die sächsischen Lanzenreiter in die Flucht.

Im Juli 1535 starb Joachim Nestor 51-jährig. Sein Sohn und Nachfolger Joachim II. Hektor dachte gar nicht daran, als Ver-mittler in den Streit einzugreifen, worum Kohlhase ihn bat. Nach einer Ruhepause schlug dieser im Januar 1537 erneut zu. Nun verhandelte der neue Kurfürst und forderte, Kohlhase solle sich dem Spruch der sächsischen Hofjustiz unterwerfen.

Das Anfang 1538 in Zerbst tagende Richterkonsortium for-derte von Joachim Kohlhases Festnahme und seine Überstel-lung an das sächsische Halsgericht. Im Juli schickte Kohlhase seinen kurfürstlichen Geleitbrief als Kaufmann zurück. Das war eine neue Kriegserklärung. In der Niederlausitz überfiel er den Seidenhändler Reiche aus Wittenberg und nahm ihn als Geisel. Diesmal hatte er den Falschen erwischt. Reiches Schwager Johann Weinleben war kurfürstlicher Sekretär und ein Günstling Joachims. Zwei Jahre später stieg er zum Staatskanzler und Präses des Berliner Kammergerichts auf. Es kam zu einem Bündnis der Kurfürsten Johann Friedrich und Joachim mit dem Erzbischof Albrecht von Magdeburg und etlichen kleinen Landesherren. Am 2. Januar 1539 verfügte Joachim, »alles zur Einbringung Kohlhases aufzubieten«.

In Brandenburg brach ein Terror- und Schreckensregime aus. Listen von Kohlhase-Anhängern wurden abgearbeitet, die Henker waren mit dem Hinrichten echter und angeblicher Helfer beschäftigt. Mitverschworene wie Unschuldige endeten durch das Schwert oder auf dem Rad. Hans Kohlhase blieb seinen nunmehr offen agierenden Feinden nichts schuldig und machte nicht mehr vor kurfürstlichem Eigentum halt. Anfang 1540 überfiel er den Faktor der kurfürstlichen Münze zu Berlin, Konrad Dretzieher, der mit Silber aus dem Mansfeldischen zum kurfürstlichen Hof in Berlin unterwegs war. Kohlhase erwartete ihn, wo der Königsweg über die Bäke (Teltower Fließ) hinüber in die spätere Parforceheide führte, und versenkte das Silber angeblich unter der Brücke. Die Gegend weit im Südwesten Berlins heißt noch heute Kohlhasenbrück, die Brücke über den Teltowkanal allerdings nach einem später dort ansässigen Fabrikanten Nathanbrücke. Ob die Kohlhaas-Eiche noch am Königsweg 313 steht, finden Sie vielleicht selber heraus.

Joachim II., gerade zum Protestantismus übergetreten, bot Kohlhase einen Separatfrieden an. Der vertraute ihm und kam – angeblich durch Zauberkünste des Henkers Meister Hans beeinflusst – heimlich nach Berlin. Hier kannte ihn jeder. Kohlhase verbarg sich bei seinem guten Freund und Gevatter, dem Küster Thomas Meißner in dem Gässchen bei der Nicolai-Schule.

Spitzel meldeten Kohlhases Ankunft in der Stadt. Joachim ließ die Stadttore schließen und an den Straßenecken ausrufen: »Wer den Kohlhase oder seine Gesellen haust oder hegt, oder bei wem sie gefunden werden, der soll am Leben gestraft werden.« Nagelschmidt hatte sich heimlich im Hause eines alten Ehepaars namens Puttlitz versteckt und wurde dort gefunden. Die Puttlitz' wussten nichts von seiner Anwesenheit, wurden aber dennoch auf dem Neuen Markt geschleppt und gnadenlos hingerichtet. Kohlhase fand man in einer Truhe auf dem Boden von Meißners Haus. Seine Frau blieb unentdeckt; in einem Verschlag beim Cöllnischen Rathaus kam sie mit zwei toten Kindern nieder. Nur Kohlhases Gesellen Hans Graßmuß, einem angeblichen Schwarzkünstler, gelang es, unerkannt zu entkommen.

In Berlin löste die Nachricht von Kohlhases Festnahme Tumulte vor dem Rathaus aus. Natürlich tat der Scharfrichter in der Folterkammer auf dem Dachboden der Gerichtslaube alles, um die Namen der Mitstreiter und Verschworenen aus den drei Gefangenen herauszupressen. Die aber blieben stumm.

Für Montag nach Palmarum, den 22. März 1540, ordnete der Kurfürst die feierliche Abschlusssitzung des Gerichts und die Urteilsverkündung an. In der Gerichtslaube warf der Wirkliche Geheime Justizsekretär Seiner kurfürstlichen Gnaden den dreien die »Verletzung des ewigen Landfriedens« vor. Kohlhase verteidigte sich: »Verstoßen ist der, dem der Schutz der Gesetze versagt ist ...«

Ein Reiter überbrachte vom nahen Schloss Joachims Befehl, die Hinrichtung sofort zu vollstrecken. Kohlhase sollte durch das Schwert, Nagelschmidt und Meißner durch Zerstoßung ihrer Glieder mit dem Rad zum Tode gebracht werden. Kohlhase protestierte: »Ich habe mit meinen Genossen gemeinsam für das Recht gestritten, und ich will ohne Gnadenwort gleich ihnen den Tod erleiden.« Nach anderen Quellen aber forderte Nagelschmidt: »Gleiche Brüder, gleiche Kappen!«

In der ersten Nachmittagsstunde wurden die drei Delinquenten zum Rabenstein vor dem Oderberger Tor geführt, wo man zuerst Nagelschmidt, dann Meißner und schließlich Kohlhase aufs Rad flocht. Die Berliner, sonst allzu gerne bereit, das schaurige Schauspiel zu genießen, blieben diesmal störrisch. Steine wurden geworfen, Hunderte versuchten, die Richtstatt zu stürmen. Kurfürstliche Spießreiter und Landsknechte kämpften gegen die Menge an. Hans Kohlhases letzte Worte auf dem Rad sind überliefert: »Nie sah ich einen Gerechten verlassen!«

Seine Leiche blieb am Galgen hängen und blutete angeblich vier Wochen lang – ein sicheres Zeichen Gottes für seine Unschuld, wie das Volk meinte.

Die Dankbarkeit der Fürsten: Benjamin Raule und der Minister Danckelmann

Kohlhase hatte sich den Hass des Kurfürsten immerhin selbst zuzuschreiben. Aber auch die Dankbarkeit der Fürsten erwies sich häufig als begrenzt. Der aus einer westflandrischen Familie stammende Seefahrer Benjamin Raule (auch Raulé, 1634–1707) bekam das zu spüren. 1675 erbat er vom Großen Kurfürsten einen Kaperbrief gegen die Schweden, mit denen sich Brandenburg-Preußen im Krieg befand. Im Juni desselben Jahres errang der Große Kurfürst bei Fehrbellin seinen Sieg über die Schweden.

In kurzer Zeit kaperte Raules Flotte 21 feindliche Schiffe, musste sie aber wieder freigeben, weil Holland und England Raules Kaperbrief nicht anerkannten. Raule floh verschuldet nach Berlin und wurde im August 1677 zum »Ober-Director unserer Seesachen« ernannt. 1681 stieg er zum Generaldirektor der Marine mit monatlich 400 Talern Gehalt auf. In Berlin hatte er 1678 das Ballhaus auf dem Friedrichswerder gekauft und zu Raules Hof ausgebaut. Später wohnte dort der bekannte Erfinder des Brustpulvers, Dr. Kurella. Raules Hof lag an der Alten Leipziger Straße auf dem Gelände des heutigen Außenministeriums.

1684 erwarb der Große Kurfürst neun Schiffe mit 176 Kanonen von Raule, der Chef der Flotte blieb. Zwei Jahre vor dem Tod des Großen Kurfürsten kaufte Raule das Gut Rosenfelde (seit 1699 Friedrichsfelde), wo er noch 1688 den Kurfürsten empfing. Als der am 9. Mai starb, wurde Raule inhaftiert. Wie üblich räumte der Sohn nach dem Thronwechsel mit den Günstlingen des Vaters auf. Außerdem mochte der neue Kurfürst Friedrich III. keine Flotte. Der Erste Minister, Eberhard Christoph Balthasar Freiherr von Danckelmann (1643–1722), setzte sich für Raule ein, was 1690 zu dessen Rehabilitierung führte. Danckelmann handelte nicht ganz uneigennützig, war er doch selber an Raules Gewinnen beteiligt. Doch auch er wurde 1697 gestürzt und verhaftet. Man warf ihm eine schlechte (nämlich zu straffe, dem verschwenderischen Kurfürsten Friedrich hinderliche) Finanzpolitik und außenpolitische Misserfolge vor.

Eine Tiefenprüfung ergab bei Raule Bilanzfälschungen und ein Minus von 454 400 Talern. Aber nicht diese Fakten, sondern der Rufmord richtete den 64-Jährigen: Am 12. Dezember 1698 rückte er auf die Festung Spandau ein, wo auch

Danckelmann einsaß. Raules Vermögen wurde eingezogen, er selber im Mai 1702 nach Emden entlassen. Frau und Tochter waren gestorben. Er durfte 1705 nach Hamburg übersiedeln, wo er am 17. Mai 1707 verstarb. Sein Vermögen und all seine Güter kassierte der preußische Staat.

Seinem Protegé Danckelmann, einem Juristen aus gutbürgerlichem Geschlecht in oranieschen Diensten, erging es nicht besser. Er wurde 1663 Erzieher des zweitgeborenen Prinzen Friedrich III. (1657–1713), dessen älterer Bruder Karl Emil jung starb. Danckelmann wurde Friedrichs Freund und Vertrauter und kurbrandenburgischer Kammerrat. Im Mai 1688 begann sein anscheinend unaufhaltsamer Aufstieg zum Geheimen Staats- und Kriegsrat, 1692 wurde er Regierungspräsident in Kleve, 1695 Premierminister und Oberpräsident. Kaiser Leopold erhob ihn und seine sechs Brüder in den erblichen Freiherrenstand.

Als kluger Finanzfachmann versuchte Danckelmann, Friedrichs Hang zu übermäßigen Ausgaben auf nützliche Gegenstände zu lenken. Ihm verdankte Brandenburg die Kopfsteuer, die 1691 für alle Bewohner, also auch für den Adel, eingeführt wurde, und er lehnte die angestrebte Königswürde für Friedrich wegen der damit verbundenen Kosten ab. Am 27. November 1697 gewährte ihm der Kurfürst einen ehrenvollen Abschied mit hoher Pension. Erst durch die Ränke seines Nachfolgers Freiherr von Kolbe (später Reichsgraf von Wartenberg), dessen vielgeschmähte Frau die Tochter eines gottesfürchtigen Zollinspektors vom Niederrhein und angebliche Mätresse des Königs war, stürzte Danckelmann tief. Unter der Beschuldigung, Staatspapiere nicht richtig abgeliefert und gegen ausdrücklichen Befehl Verhandlungen mit fremden Ministern gepflogen zu haben, verhaftete man ihn am 10. Dezember 1697 und brachte ihn nach Spandau. Bald wurde er ohne eigentliches Urteil aller Güter und seines Vermögens beraubt und lebenslänglich auf die Festung Peitz abgeführt. Erst der Soldatenkönig Friedrich Wilhelm I. rief ihn 1713 ehrenvoll an den Hof zurück. Er starb am 1. März 1722 in Berlin, ohne seine Güter zurückerhalten zu haben.

Der freche Attentäter Tschech

Es ist erstaunlich, dass sich kaum jemals ein derartig ins Unrecht Gesetzter an der hohen Obrigkeit zu rächen versuchte. Erst aus dem 19. Jahrhundert sind solche unerhörten Ereignisse bekannt. So schoss am 26. Juli 1844 der ehemalige Offizier und Storkower Bürgermeister Heinrich Ludwig Tschech (1789–1844) aus persönlicher Verärgerung über seine Amtsentlassung mit einem Doppelpistol auf den König Friedrich Wilhelm IV., als der gerade mit seiner Gemahlin im Schlosshof in eine Kalesche einstieg, um nach Schlesien abzufahren. Tschech, der klassische Einzeltäter, wurde ergriffen und vom Pöbel beinahe gelyncht, bis ihn die Wache ins Kriminalgefängnis schaffte.

Nach langer Verhandlung wurde er »zur Schleifung zur Richtstätte und zur Todesstrafe des Rades von oben herab« verurteilt.

Mittels allerhöchsten Reskripts haben S.M. der König der Gerechtigkeit freien Lauf zu lassen befohlen, unter der Maßgabe, daß die erkannte Todesstrafe des Rades von oben herab mit Wegfall des Schleifens zur Richtstätte in die des Beils verwandelt werde. Demgemäß ist der Heinrich Ludwig Tschech heute auf der Richtstätte zu Spandau mittels des Beils vom Leben zum Tode gebracht worden. Berlin, den 14. Dezember 1844. Königlich preußisches Kammergericht.

Hatten die Berliner anfangs Tschechs Attentat scharf verurteilt, weckte sein Schicksal nun Sympathien. In einem vielstrophigen und weitverbreiteten Couplet sang man:

Hatte je ein Mensch so'n Pech
Wie der Bürgermeister Tschech
Daß er diesen dicken Mann
Auf zwei Schritt nicht treffen kann!

Der verruchte Hochverräter
Königsmörder, Attentäter,
Er schoss unsrer Landesmutter
Durch das gnädge Unterfutter . . .

In Wahrheit war der erste Schuss fehlgegangen, die zweite Kugel traf des Königs Brust und wurde nur durch die Wattierung seiner Kleidung aufgehalten. »Kinder, mir fehlt nischt«, äußerte der leutselige Monarch. Dennoch bestätigte er das Urteil unter dem Vorbehalt der Begnadigung, wenn der Verbrecher bei der Verkündigung des Todesurteils Reue zeige und »um sein Leben bitte«. Das tat Tschech jedoch nicht, als die Vollstreckungskommission ihn abends neun Uhr im Verhörsaal des Hausvogteigefängnisses informierte. Gefasst verabschiedete er sich von seiner Tochter und wurde dann von einer Schwadron Kavallerie nach Spandau eskortiert. Nach Angaben seiner Begleiter zeigte er Ruhe und Fassung und rauchte fortwährend Zigarre. Die Hinrichtung wurde mit großer Schnelligkeit nur im Beisein von etwa hundert zufällig (!) vorüberkommenden Landleuten vollzogen.

Es war die letzte öffentliche Hinrichtung auf dem heutigen Berliner Territorium. Politische Attentate jedoch gehörten fortan auch in Preußen zu den glücklicherweise eher seltenen Ereignissen. Noch einmal hatte es jemand auf den dicken König abgesehen: ein aus der preußischen Armee wegen offensichtlicher Geistesschwäche ausgeschiedener Halbinvalide, der dem Monarchen im Mai 1850 auf dem Potsdamer Bahnhof in den Arm schoss.

Am 7. Mai 1866 schoss der Student Julius Cohen auf den preußischen Ministerpräsidenten Graf Otto von Bismarck. Dass der eine kugelsichere Weste trug, ahnte der Attentäter nicht. Cohen brachte sich im Gefängnis um.

Willkür gegenüber den Juden

Juden in Berlin

Juden hatten sich schon zur Zeit der Gründung von Berlin und Cölln in der Gegend angesiedelt, das beweisen Gräber auf dem Areal der Spandauer Zitadelle. Der älteste Grabstein mit hebräischer Inschrift dort stammt aus dem Jahr 1244. Seit 1295 sind Juden in Berlin nachgewiesen, denn in jenem Jahr wurde den Wollenwebern untersagt, bei ihnen Garn zu kaufen.

Die wenigen Judenfamilien wohnten in Zinsbuden, die dem Rat gehörten, und lebten dort in strengster Absonderung. Der (kleine) Jüdenhof, eine Sackgasse oder Geckol zwischen Klosterstraße und nördlicher Stadtmauer, wurde jeden Abend durch eiserne Tore verschlossen. Die Juden galten als Eigentum des Landesherrn, sogenannte »Kammerknechte«, dem Pöbel bei jedem Tumult und bei jeder Epidemie ausgesetzt. Sie hätten Hostien geschändet, Christenkinder ermordet oder Brunnen vergiftet, hieß es. Man beraubte und drangsalierte sie ungestraft, wie etwa in den Pestjahren 1348 und 1500, und vertrieb sie mehrfach. Im Jahre 1354 wurden in Berlin wieder sechs jüdische Familien zugelassen.

1406 verbot der Bischof erneut bei Strafe des Bannes jeglichen Umgang mit ihnen, und 1480 forderten die Märkischen Landstände, alle Juden aus dem Lande zu jagen. Doch sosehr sich der Hass immer wieder gegen sie richtete – ohne sie kam vor allem der Adel nicht aus. Juden durften im Gegensatz zu Christen Zinsen für verliehenes Geld nehmen, deshalb waren sie häufig die letzte ergiebige Geldquelle für die verschwenderischen Landesherren. Auch Kurfürst Joachim I., so gern er sie aus dem Land haben wollte, benötigte ihr Geld. Die Landesverweisung blieb immer noch als Möglichkeit, waren die Schulden bei den Juden hoch genug angewachsen.

Der Hostiendiebstahl

Eine besonders schaurige Geschichte trug sich im Jahr 1510 zu. Am 10. Februar des Jahres entdeckte der Pfarrer des kleinen Dorfes Knoblauch bei Brandenburg den Diebstahl der vergoldeten Monstranz und des Messingbüchschens mit den geweihten Hostien aus der Kirche. Die Hostie, eine ungesäuerte Oblate, die den Leib des Herrn verkörpert, genießt eine äußerst hohe Verehrung, nur geweihte Priester dürfen sie berühren.

Teile der Monstranz fand man bald darauf im Graben an der Stadtmauer von Bernau. Der Verdacht fiel sofort auf den Kesselflicker Paul Fromm, der in der Bernauer Liste potentieller Missetäter obenan stand. Fromm, der die Justizmethoden seiner Zeit kannte, ergriff rechtzeitig die Flucht, kehrte unklugerweise aber noch einmal in sein Haus zurück und wurde gefasst. Um der grausamen Tortur zu entgehen, legte er sofort ein Geständnis ab, mit dem die Obrigkeit allerdings nicht zufrieden war. Einfacher Kirchenraub und ein geständiger Täter – was war das schon? Weshalb konnten nicht Juden in den Fall verwickelt sein?

Unter der Folter gestand Fromm, was man ihm in den Mund legte: Er habe die Hostie dem Spandauer Juden Salomon verkauft. Der wiederum »verriet« unter der Folter den Weiterverkauf an andere Juden. Die hätten die Hostie geschändet, bis Blut daraus hervorspritzte. Man beschuldigte schließlich insgesamt hundert Juden, von denen viele nach Zahlung hoher Schutzgelder erst kurze Zeit in Brandenburg ansässig waren, der Zauberei, der Hostienschändung und des Ritualmordes an Christenkindern.

Alle Beschuldigten wurden nach Berlin gebracht. Am 19. Juli 1510 verurteilte der Bürgermeister und Stadtrichter Hans Brackow Paul Fromm und 38 Juden zum Feuertod. Zwei Juden konvertierten während der hochnotpeinlichen Untersuchung zum Christentum. Ihnen wurde die Gnade zuteil, durch das Schwert zu sterben.

Fromm wurde auf dem Schinderkarren anderthalb Stunden durch die Gassen Berlins gefahren und dabei mit glühenden Zangen gepeinigt. Auf dem Rabenstein vor dem St.-Georgentor warteten schon die Juden, die man mit spitzen Hüten auf den Köpfen unter Steinwürfen und Beschimpfungen hierher getrieben hatte. Dreißig Schritt vom üblichen Schafott entfernt kettete man sie auf einem dreigeschossigen, mit Feuerholz, Pech und Schwefel versehenen Holzgerüst mit Halseisen so an, dass sie einander sehen konnten. Fromm schlug man an einen mit Pech bestrichenen Pfahl. Unter dem Johlen des Volkes wurde der Scheiterhaufen angezündet, um »die boshaften, schnöden und verstockten Juden zu Pulver zu verbrennen«.

Gleichzeitig wurden alle Juden aus der Mark ausgewiesen. Obwohl sich die falsche Aussage Fromms bald herausstellte, ließ man Juden in der Mark und in Berlin erst 1539 wieder zu.

Ein Granitblock mit einem Gedenkstein und folgender Aufschrift erinnert an das schreckliche Ereignis:

Im Jahre 1510 wurden 38 Berliner Juden wegen angeblicher Hostienschändung verbrannt. Ihre Gebeine sind hier bestattet.

Das Mahnmal befindet sich hinter dem Wohnhaus Mollstraße 11. Es stand früher neben der Synagoge des im Krieg zerbombten jüdischen Altersheims in der Lietzmannstraße, die im 16. Jahrhundert nach dem – ebenfalls verschwundenen – jüdischen Begräbnisplatz Judengasse hieß.

Der Münzjude Lippold

63 Jahre nach dem Massenmord an den Brandenburger Juden und zwei Jahre nach dem Tod des Kurfürsten Joachim Hektor kam es in Berlin zu neuen Ausschreitungen gegen die Juden, die wie eine Vorwegnahme der Hinrichtung des Juden Süß Oppenheimer anmuten, der 1738 in Württemberg gehenkt wurde. Wie schon erwähnt, war Joachim Hektor, Kurfürst seit 1535, ein Verschwender von Format. Glücksspiel, Frauen, Wein und übermäßiger Prunk verschlangen mehr, als die bescheidenen Staatseinnahmen hergaben. Nach fünf Jahren Regierungszeit betrugen die Schulden bereits eine Million Gulden; bis zu Joachims Tod wuchsen sie auf 4,7 Millionen Gulden an. Vergeblich mahnte der haushälterische Rentmeister Thomas Matthias zum Maßhalten. Allein die Aussteuer von Joachims Tochter verschlang 500 000 Gulden, die Hochzeit seiner Nichte Katharina mit seinem Enkel, dem Kurprinzen Joachim Friedrich, kaum weniger.

Kammerherr, Verwalter der Privatschatulle und Münzmeister des Kurfürsten war inzwischen der Jude Lippold ben Chluchim aus Prag geworden, den man dort angeblich wegen Münzvergehens bestraft oder zumindest gesucht hatte. Lippold wurde zur gefürchteten Persönlichkeit am Hof und im Land. Stolz und hochmütig führte er die Oberaufsicht über alle Juden der Mark, denen Joachim für ein jährliches Schutzgeld von 20 000 Talern die Rückkehr gestattet hatte. Wucher war im Land verboten, doch Lippold verlangte ungestraft 54 Prozent Zinsen von den Schuldnern; mit kurfürstlicher Genehmigung nahm er den Kaufleuten Gold und Silber weit unter dem Preis ab. Kronprinz Johann Georg saß derweil auf Schloss Zechlin und beobachtete das Treiben am Hof mit ingrimmigem Zorn.

Als Joachim II. in den ersten Tagen des Jahres 1571 während eines Jagdaufenthalts im Schloss Köpenick plötzlich starb, war es vorbei mit dem Lotterleben am Hof. Nach der Huldigung des neuen Kurfürsten durch den Rat und die Berliner ließ der die Stadttore versperren und zahlreiche Hofschranzen, Mätressen und Günstlinge arretieren. Nur der Kanzler Diestelmeier behielt sein Amt. Vier Kommissarien, Oberhofmeister von Arnim und Geheimer Rat Christoph Meienburg sowie die Hausvogte Sigmund Rosenacker und Konrad Schreck, sollten eine Untersuchung führen.

Münzmeister Lippolds Haus war bereits umstellt; am 6. Januar steckte man den Münzjuden – nach einer missglückten Flucht? – in den Kerker. Die vier Kommissarien überprüften alle Papiere Lippolds, konnten jedoch keine Unregelmäßigkeiten feststellen. Dennoch begann nun die allgemeine Judenhetze, die sich schnell zum Pogrom ausweitete, nachdem die Menge einmal in die Synagoge in der Klosterstraße eingedrungen war.

Die Schulden des Kurfürsten bei Lippold betrugen 900 000 Gulden, und Zinsen hatte der Jude von seinem Gönner nicht verlangt. Dafür wurden ihm die Steuern und Zolleinnahmen der Mark verpfändet. Der neue Kurfürst wusste, dass er dieses Geld nicht zahlen konnte. Also musste Lippold weg.

»Der Saujud soll bekennen, dass er den Vater mit Hilfe eines Zauberbuchs behext, ihn mit einem Gifttrank ums Leben gebracht hat, um selber Herr der Mark zu werden«, beschloss er.

Angeblich soll Lippolds eigene Ehefrau Magdalene ihren Mann mit dem ominösen Zauberbuch belastet haben. Er wurde in die Folterkammer unter dem Rathausdach geführt, der Scharfrichter Meister Balzer – nach anderen Quellen ein gewisser Benedictus Barsch, in jedem Fall »ein wahrer Folterkünstler« – legte dem Delinquenten Daumenschrauben und Spanische Stiefel an und folterte ihn mit der eisernen Teufelsmaske, bis Lippold alles gestand, was man von ihm hören wollte. Nach einer anderen Überlieferung hat man ihn anfangs nicht gefoltert. Erst nach Widerruf seines Geständnisses habe Balzer ihm so zugesetzt, dass ihm »das Blut zum Hals ausgelaufen« sei.

Am Mittwoch vor Fastnacht des Jahres 1573, das ist der 28. Januar, wurde auf dem Neuen Markt (nicht, wie mitunter berichtet wird, auf dem Hackeschen Markt, den es noch gar nicht gab) das Blutgerüst errichtet. Alle Juden der beiden Städte mussten dem Gericht beiwohnen. Lippold wurde herbeigeführt, und seine Bekenntnisse wurden verlesen. »Lüge, Lüge, alles Lüge«, schrie er auf. »Gott ist mein Zeuge, dass ich unschuldig bin.«

Unter dem Gebrüll der Menge wurde er in die Folterkammer zurückgeschleppt, wo man ihn schnell von seinem Widerruf abbrachte. Übel zugerichtet und kaum noch ein Mensch, wurde er auf einem hölzernen Karren durch die Straßen von Berlin und Cölln gezerrt. Auf dem Karren standen der Scharfrichter und sein Gehilfe, der ein Kohlefeuer schürte. An den Straßenecken peinigte man Lippold zehnmal mit glühenden Zangen. Schließlich bog der Zug mit zweistündiger Verspätung wieder auf dem Neuen Markt ein. Unter dem Jubel der Menge wurde der Jude »mit vier Stößen gerädert, danach auf einen Tisch gebunden, den Bauch aber auf, die Brust aufgehauen mit einem Beil, das Herz ihm aufs Maul geschlagen«. Der geschundene Körper wurde gevierteilt und an vier Galgen vor den Toren der Stadt aufgehängt, der Kopf auf einer Stange über dem Georgentor aufgespießt, Lippolds Zauberbuch auf dem Neuen Markt verbrannt.

Lippolds Witwe mit ihren neun Kindern fand man mit tausend Talern ab und jagte sie davon. Sie wandte sich an den machtlosen Kaiser Maximilian II. in Wien, der tatsächlich im April 1574 Einspruch gegen das Verfahren erhob, denn der Schandprozess hatte Aufsehen und Abscheu erregt. Kurfürst Johann Georg wehrte sich frech; er konfiszierte zusätzlich das Eigentum der Juden, verjagte sie oder ließ sie unter fadenscheinigen Gründen hinrichten. Erst hundert Jahre später begann die jüdische Gemeinde in Berlin wieder stetig zu wachsen.

Pogrome

Ein Vorfall mit ähnlich weitreichenden Folgen wie die Hinrichtung Lippolds ereignete sich etwa 150 Jahre später. 1721 starb in Berlin der Münzlieferant Veit, der dem Soldatenkönig 100 000 Taler schuldete. Nach seinem Tode fand sich in seinem Hause nichts davon, obwohl er als sehr reich galt. Am Morgen des 15. August 1721 musste sich deshalb die gesamte Judenschaft in der sieben Jahre zuvor in Anwesenheit der Königin und ihres Hofstaats eingeweihten Synagoge einfinden. In Gegenwart des Oberhofpredigers wurden die

Juden mit dem Bann belegt, Quälereien und schikanöse Verordnungen folgten. Statt des bis dahin üblichen Schutzgeldes mussten die Juden nun jährlich 20 000 Taler zahlen, sie durften keine Häuser besitzen und unterlagen allerlei anderen Einschränkungen. Über dem normalen Galgen wurde ein eiserner Galgen für die Juden angebracht. Ihr Aufenthalt in Berlin und in Preußen blieb von Willkür und Geldgier ihrer »Schutzherren« abhängig.

Für das Jahr 1725 vermeldet die Chronik einen neuen Willkürakt. Am 26. November wurde der Jude Hirsch hingerichtet, der sich des folgenden Vergehens schuldig gemacht hatte:

... Verleumdungen gegen einige königliche Bediente ausgestoßen und deshalb zum Stäupen verurteilt worden war. Da er aber während des Strafvollzugs gräßliche Flüche und Gotteslästerungen ausstieß, erkannte ihm der König den Tod zu. Dem Lebendigen wurde die Zunge aus dem Hals geschnitten. Der Henker schlug sie ihm dreimal auf den Mund und befestigte sie dem Gehängten an seiner linken Schulter. Das Volk jubelte laut bei den Schmerzenslauten des Unglücklichen, zog anschließend schreiend und schimpfend vor die Judenhäuser ...

Die Saat, die nach 1933 um ein Vielfaches blutiger aufgehen sollte, war früh gelegt.

Die jüdische Geschichte Berlins ist – trotz mancher Lichtblicke besonders im 19. Jahrhundert, als die Emanzipation der Juden sich endlich auch in Preußen durchsetzte – schaurig genug. Bereits im Kaiserreich nahm der Antisemitismus erschreckende Züge an. Dabei betrug der Anteil jüdischer Staatsbürger an der deutschen Gesamtbevölkerung nicht einmal ein Prozent.

1925 lebten in Berlin 172 672 jüdische Einwohner, viele davon noch immer unter unsäglichen Bedingungen in der Gegend des alten Scheunenviertels zusammengepfercht, wohin das Edikt des Soldatenkönigs sie verbannt hatte. Am Abend des 12. September 1931, dem jüdischen Neujahrsfest, organisierten die braunen Horden des obersten Berliner SA-Führers Graf Helldorf rund um den Kurfürstendamm pogromähnliche Ausschreitungen, denen die Polizei anfangs tatenlos auswich, bevor sie wahllos SA-Männer wie Passanten festnahm. Eine Woche später fand vor dem Schnellschöffengericht Charlottenburg die Hauptverhandlung gegen 33 Mitglieder der NSDAP statt, darunter der Stahlhelmführer Brandt, der Sturmführer der Berliner SA und der Führer der Wache beim Stab der SA. Nach drei Tagen stellten sich Graf Helldorf, Kommandeur der 74 Berliner Sturmabteilungen, und sein Stabschef Ernst, die bestritten, die Krawalle und Gewalttaten am Kurfürstendamm organisiert zu haben. Drei weitere Beteiligte wurden am 7. Oktober festgenommen.

Die Urteile gegen das Fußvolk lagen zwischen neun Monaten und einem Jahr und neun Monaten Gefängnis. Als einer der Verteidiger für die SA-Führer fungierte ein bis dahin unbekannter Rechtsanwalt aus Kassel: Roland Freisler.

Obwohl die Staatsanwaltschaft gegen Helldorf und Ernst drei Jahre Gefängnis forderte, wurden die beiden in zweiter Instanz »von der Anklage des Landfriedensbruchs freigesprochen und lediglich wegen öffentlicher Beleidigung zu je 100 Mark Geldstrafe verurteilt«. Die übrigen Urteile fielen entsprechend mild aus. Die den Nationalsozialisten wohlwollende und antisemitische Justiz funktionierte schon ein Jahr vor der Machtübernahme. Es fiel Hitler nicht schwer, seine barbarischen Judengesetze durchzusetzen.

Das jüdische Berlin

Von den alten Stätten der Juden ist im Berliner Stadtbild wenig erhalten. Der Große Jüdenhof, im Krieg zerstört, abgerissen und mit der heutigen Grunerstraße überbaut, soll jedoch wiedererstehen. Auf dem kleinen Jüdenhof zwischen Roch- und Karl-Liebknecht-Straße steht ein hässliches Hochhaus. Die meisten der etwa hundert Synagogen in der Stadt wurden in der Pogromnacht des 9. November 1938 in Brand gesetzt, später durch Bomben zerstört und nach dem Krieg in Ost und West beseitigt. So verschwanden beispielsweise die Ruinen der reformierten Synagoge in der Johannisstraße, die der orthodoxen Synagoge in der Kaiserstraße nahe dem Alex, die liberalen Synagogen in der Kreuzberger Lindenstraße und in der Lützowstraße ebenso wie die meisten privaten Betsäle spurlos aus dem Stadtbild. Auch von Deutschlands größter Synagoge in der Oranienburger Straße, die ein beherzter Reviervorsteher der Berliner Polizei 1938 vor der Brandschatzung durch die SA gerettet hatte, stand nach einem Bombenangriff im November 1943 nur noch die Ruine. Die ausgebrannte Haupthalle wurde im Sommer 1958 gesprengt, niemand dachte an einen Wiederaufbau. Erst Honeckers Bemühen um internationale Reputation führte zur Stiftung Neue Synagoge Berlin – Centrum Judaicum. Heute leuchtet die vergoldete Kuppel mit dem Davidstern weithin über die Dächer und erweckt den Eindruck einer vollständigen Rekonstruktion des imposanten Gebäudes. Die komplett verglaste Rückfront des wiederaufgebauten Teils gibt jedoch den Blick frei auf den leeren Platz, wo einst die Haupthalle stand.

An die älteste Berliner Synagoge von 1714 in der nahen Heidereutergasse zwischen Spandauer und Rosenstraße erinnert eine Gedenktafel. In der Großen Hamburger Straße verraten ein Denkmal und der (vierte) Grabstein des Moses Mendelssohn, dass hier zwischen 1672 und 1827 etwa 12 000 jüdische Tote ihre letzte Ruhestätte fanden. Der Friedhof wurde 1943 von den Nationalsozialisten geschändet und zerstört. Der Spandauer Juden-Kiewer, dessen ältester Gedenkstein von 1244 (!) stammt, wurde schon 1510 zerstört. Da man die Grabsteine beim Bau der Zitadelle verwendete, blieben 61 davon bis in unsere Tage erhalten.

Der zweite Berliner jüdische Friedhof befindet sich seit 1827 in der Schönhauser Allee nahe dem Senefelder Platz, durch den schmalen »Judengang« von den Höfen in der Kollwitzstraße getrennt. Hier sind u. a. die Gräber von Gerson von Bleichröder, Berater Bismarcks und Hofbankier Kaiser Wilhelms I., von Giacomo Meyerbeer und Leopold Ullstein zu finden. 1935 wurde Max Liebermann hier als einer der Letzten begraben.

Seit 1880 existiert der jüdische Begräbnisplatz an der Herbert-Baum-Straße in Weißensee, eine wahre Totenstadt mit vielen architektonisch bemerkenswerten Grabmälern. Die Kaufhausbesitzer Adolf Jandorf, Hermann und Oskar Tietz, der Gastronom Berthold Kempinski und die Verleger Rudolf Mosse und Samuel Fischer haben hier ihre letzte Ruhestätte. Nördlich davon liegt der Begräbnisplatz der orthodoxen Gemeinde Adass-Jisroel, deren Synagoge sich wieder in der Tucholskystraße 40 befindet.

Da nach Berlins Spaltung auch bei den Toten streng nach Ost und West unterschieden wurde, existiert seit 1953 der Jüdische Friedhof an der Heerstraße, auf dem u. a. der populäre Entertainer Hans Rosenthal und Heinz Galinski, der langjährige Vorsitzende der Jüdischen Gemeinde, Ehrengräber haben.

Die Schoa

Die Nationalsozialisten begannen sofort nach ihrem Machtantritt mit dem Terror gegen die jüdische Bevölkerung. Boykott und Berufsverbot waren die ersten Maßnahmen, denen im September 1935 die berüchtigten Nürnberger Rassengesetze folgten. Die Ausweisung von 18 000 aus Polen stammenden Juden, vor allem aber die Pogromnacht vom 9. November 1938, in deren Folge 20 000 jüdische Bürger verhaftet und in Konzentrationslager eingewiesen wurden, führten dazu, dass 1939 nur noch etwa 80 000 Juden in Berlin lebten, denen offiziell bis Oktober 1941 noch die Möglichkeit der Auswanderung offenstand. Nach der Wannsee-Konferenz im Januar 1942 begannen auch in Berlin die planmäßigen Deportationen. 55 000 Berliner Juden wurden in 63 Transporten gen Osten verschleppt und größtenteils getötet. Von den 15 000 nach Theresienstadt deportierten Älteren überlebten kaum 1500. Auf der Putlitzbrücke am Güterbahnhof Moabit erinnert ein immer wieder geschändetes Mahnmal an die von hier aus in Viehwagen Deportierten, und auch am Bahnhof Grunewald, von wo die meisten Transporte erfolgten, weisen eine Betonwand und das Mahnmal »Gleis 17« auf das schaurige Geschehen in der NS-Zeit hin. Auch der Ort der Wannsee-Konferenz, eine Villa Am Großen Wannsee 56–58, in der Reinhard Heydrich und die führenden Staats- und SS-Funktionäre die sogenannte »Endlösung der Judenfrage« beschlossen hatten, ist heute eine Gedenkstätte.

Henkergeschichten

Die Henker und ihre Richtplätze

Der Henker war in Berlin und Cölln ein vielbeschäftigter Mann, für dessen Einkünfte die beiden Städte im Verhältnis zwei zu eins sorgten. Allein in den 57 Jahren von 1391 bis 1448 meldet das Stadtbuch 114 Hinrichtungen, also etwa zwei pro Jahr. Die beiden Städte hatten damals etwa 7000 Bewohner. Auf heutige Einwohnerzahlen umgerechnet hieße das etwa tausend Hinrichtungen pro Jahr! Der Scharfrichter war außerdem nicht einfach nur für das Aufhängen oder den letzten Schwerthieb zuständig. Möglichst kunst- und qualvoll hatte er dem Delinquenten zusätzliche Pein zu bereiten: die Augen auszureißen, Ohren abzuschneiden, Hände abzuhacken. Offenbare Fälscher wurden in einer eisernen Kiepe gebraten, was in Berlin anscheinend seltener vorkam. Stattdessen steckte man dem Verurteilten glühende Zangen oder Eisen in den Mund.

Die bestialischste Todesart war das Rädern. Dem Delinquenten, der ausgestreckt auf einem Balkengerüst lag, wurden mit einem schweren Rad nacheinander die hohl liegenden Unterarme, die Waden, die Oberarme, die Schenkel, der Bauch und der Rücken zerbrochen und zerquetscht, bevor man den zerschundenen Körper aufs Rad flocht.

In den beiden Städten gab es mehrere Richtstätten. In den frühen Jahren wurden die Urteile in der Nähe des Rathauses auf der Langen Brücke von Berlin nach Cölln vollstreckt; Hinrichtungen mit dem Schwert – was als die mildeste Art der Vollstreckung galt – fanden vor den Rathäusern beider Städte statt. Cölln besaß außerdem noch eine eigene Richtstätte, den Gerichtsberg, auch Freistätte genannt, der an der Schöneberger Grenze in der Gegend südlich vom heutigen Potsdamer Platz lag.

Dem Adel blieben die auserlesensten Grausamkeiten bei der Hinrichtung erspart. Als am 8. September 1637 der Cöllner Bürgermeister Jochen (oder Johann) Wedigen vom Junker Hans Georg von Hacke von der Hakenburg im heutigen Kleinmachnow mit einem Hirschfänger erstochen wurde, erregte der Mord große Empörung und Aufsehen. Hacke oder Hake wurde vor dem Cöllnischen Rathaus enthauptet, ohne dass man ihm vorher die Hand abschlug. Die adlige Leiche wurde sofort den Angehörigen übergeben und nicht am Galgen ausgestellt.

Die Chronik berichtet noch von einem anderem Johann Georg Hacke, Erbsass auf Carpzow, der seine Frau, geborene von Quast, »jämmerlich ermordet, hernach in einen Brunnen geworfen, seine Konkubine erschossen, die vorher auf seinen Befehl ein gemeinsames Kind erstickt«. Dagegen nahm sich der Hacke zusätzlich vorgeworfene Ehebruch harmlos aus. Auf dem Rabenstein wurde der zum Tode Verurteilte an beiden Brüsten mit glühenden Zangen gezwickt, aufs Rad gelegt und noch am selben Abend unter dem Rad fast ganz nackt begraben.

Während, wie wir gelesen haben, der Neue Markt vor der Marienkirche (wo Berlins erster Galgen gestanden hatte) vor allem der Volksjustiz vorbehalten blieb, befand sich das eigentliche Hochgericht, der Rabenstein, vor dem Oderberger Tor, dem späteren St.-Georgen- oder St.-Jürgentor, so benannt nach der St.-Georgen-Kirche, die sich in Berlin, wie in den meisten Städten, vor den Toren befand. Das Blutgerüst oder der Rabenstein erhob sich auf der heutigen Nordseite des Strausberger Platzes, wo früher Weber- und Strausberger Straße im spitzen Winkel aufeinandertrafen. Als sich die Stadt in Richtung Osten ausbreitete und das Hochgericht in die Gegend der Rosenthaler Landwehr verlegt wurde, blieb dieser Platz vor dem alten Georgenkirchhof jahrzehntelang unbebaut. Noch im Jahre 2002 kamen bei Tiefbauarbeiten vor den Häusern Strausberger Platz 3 und 4 Sargreste und Skelette von diesem Friedhof zum Vorschein, obwohl der Kirchhof selbst bereits 1855 mit der Kirche St. Markus bebaut worden war.

Das Hochgericht ist auf Karten von 1717 und 1748 vor dem Hamburger Tor zu finden, etwa in der Gegend des heutigen Zille-Parks, dem alten Sophienfriedhof zwischen Berg- und Gartenstraße nördlich der Torstraße. Es wurde 1749 wegen der Besiedelung des sogenannten Neuvoigtlands auf einen freien Platz an der Gartenstraße verlegt. Um 1838 hieß diese Gerichtstraße und der Galgenplatz 1749–1842 auch Gerichtsplatz, Schinderberg oder des Teufels Lustgarten. Östlich davon erstreckten sich die sogenannten Galgenberge.

Gar nicht weit davon entfernt befand sich die Scharfrichterei, gleichzeitig auch die Abdeckerei und der Wohnort des Henkers. Sie »ward 1724 auf königlichen Befehl« auf das Gelände an der Invalidenstraße, den heutigen Platz am Nordbahnhof, verlegt worden, wie man den Karten von 1773 und 1802 entnehmen kann. Kurz vor dem Bau der Stettiner Bahn hieß der Platz Alte Scharfrichterei. In der neuen (und letzten Berliner) Scharfrichterei am Rande der Jungfernheide auf dem Gelände des heutigen Universitätsklinikums Rudolf Virchow lebten um 1858 neun Einwohner und betrieben u. a. eine Leimsiederei. Der Ort ist noch auf Karten von 1871 als Scharfrichterei und Abdeckerei benannt.

Grausame Strafen

Es gab jedoch weitaus mehr schaurige Hinrichtungsorte in Berlin. Auf dem Molkenmarkt beispielsweise wurden bis 1786 die verurteilten Militärstraftäter hingerichtet, soweit man sie nicht beim berüchtigten Spießrutenlaufen auf den zahlreichen Exerzierplätzen umbrachte. Wie auf allen Marktplätzen der Stadt, wo viele Leute zusammenkamen »und leicht ein Alarm entsteht«, stand auch am Molkenmarkt ein Gardekorps Soldaten bereit. Nachdem man dort 1672 einen Soldaten gehenkt hatte, hielt man es für nötig, einen neuen Galgen zu errichten und mit dem Hängen zweier weiterer Soldaten, die »Ertz-Diebe« gewesen, einzuweihen. Der eine war der Sergeant Claus Behrend, der Hehler, der andere ein Musketier Otto, genannt der Stehler. Da Behrend katholisch war und ein in der Stadt anwesender kaiserlicher Gesandter für ihn bat, durften die beiden unter dem Galgen gegeneinander spielen. Vielleicht liegt hier der Ursprung der Sage vom Todeswürfel. Jedenfalls verlor Otto und musste hängen. Über Behrend schweigt der Chronist.

Gleich um die Ecke, vor dem Stralauer Tor (in manchen Quellen auch in der Spandauer Vorstadt), »sackte« man Kindesmörderinnen: Man steckte sie lebend in einen Sack, den sie selbst vorher nähen mussten, und ertränkte sie in der Spree.

Die Nachrichten über Kriminalfälle und Hinrichtungen sind zahlreich.

Anno 1574 im Junio wurden in Berlin erstlich mit glühenden Zangen gerissen, geschleiffet und mit dem Rade vom Leben zum Tode gebracht zween Mörder und Brüder – da doch der eine nur 19 Jahre alt war – welche in kurtzen Jahren 20 Morde in Chur-Sachsen, in der Chur Brandenburg und im Fürstenthum Anhalt an Mann und Weibs Personen, auf freyer Strasse begangen, auch viele Kühe und Pferde den Leuten genommen, todt geschlagen und geschunden, und sonsten auch über dis, viel andere Dinge geraubet und gestohlen hatten.

Anno 1576 im Herbst und Vorwinter ist zu Berlin und Cölln an der Spree abermahl ein grausam pestilentzisch Sterben gewesen, also daß etliche tausend darin aufgangen, und in diesen Sterben hat eine Magd die Hanß Möllerin zu Berlin, bey der sie gedienet des Nachts überfallen, und im Bette umgebracht ist aber darnach wiederum nach Verdienst hingerichtet worden.

Im November 1675 trug sich in der Stralauer Straße ein ähnlich »erschröcklicher Casus« zu. Ein Weib namens Anna Maria versteckte sich im Hause des Bäckermeisters Peter Baumen hinter dessen Bett und überfiel ihn in mörderlicher Weise mit einem Messer, das sie extra gekauft hatte, um ihm die Kehle aufzuschneiden – was ihr glücklicherweise nicht gelang. Baumens Magd und sein Geselle kamen dem Meister zur Hilfe und erretteten ihn vor der Frau. Die wurde am 12. Januar 1676 vor dem Berlinischen Rathaus enthauptet, »nachmals auf die neue Wagen-Bude gebracht, woselbst ihr die Haut abgezogen und hernach anatomiret worden«.

Zwei Jahre später wurden in Herrn von Canitzens Haus in der Poststraße etliche tausend Taler gestohlen. Man nahm eine ganze Reihe von Verdächtigen fest, darunter des Stallschneiders Halbfuß Frau und deren Schwester samt Ehemann. Unter der Tortur gestanden sie, das Geld gestohlen und außerhalb der Stadt vergraben zu haben. Nachdem das Geld und die Tatwerkzeuge gefunden waren, wurden der Schwager des Halbfuß und ein Jude als Täter »justificiret«.

Am Galgen ward der Christ enthauptet und zwischen zwei alten Räder-Pfählen begraben. Der Jude aber auswendig am Galgen gehänket und mit zwei Ketten um den Hals und Leib fest umklammert.

Ein Duell und seine appetitlichen Folgen

Mit dem Anwachsen des Militärs in der Stadt waren blutige Raufereien, Duelle und sonstige Rohheiten unter den Soldaten gang und gäbe. Kurfürst Friedrich III. gab eine Order aus, die den überlebenden Duellanten mit dem Tode bedrohte, und setzte dieses Gesetz mit voller Strenge durch. Am 22. März 1698 duellierten sich zwei alte Unteroffiziere auf dem Holzmarkt vor dem Stralauer Tor – vor dem heutigen S-Bahnhof Jannowitzbrücke also. Der sechzigjährige Bartel Jürgen erstach den zehn Jahre jüngeren Hänschen Todt. Todts Leiche durfte auf Befehl des Kurfürsten nicht begraben werden, sondern musste bis zum Prozess im Cöllnischen Wursthof (!) liegenbleiben.

Drei Wochen nach dem Duell führte man Bartel zum Galgen auf dem Rabenstein vor dem St.-Jürgentor und zog Todts halbverweste Leiche auf einem Schlitten herbei. Man bekleidete sie wieder mit dem blutigen Duellhemd; dann wurden beide Duellanten gehenkt und mit Ketten an den Hälsen aneinandergekettet. Zur Warnung ließ man sie hängen, bis sie von selber herabfielen.

Das Henkerhaus

Die Regierungszeit des Schiefen Fritz scheint von besonderem Liebreiz für die Berliner gewesen zu sein. Im Jahre 1693 hatte das Raubwesen so überhand genommen, dass potentiellen Denunzianten ein Viertel der Beute versprochen beziehungsweise Straffreiheit zugesichert wurde. Drei Jahre später erließ der Kurfürst ein Gesetz, nach dem alle Diebstähle, auch wenn sie den Wert von zehn Talern nicht überschritten, mit dem Strang zu bestrafen waren. Da diese grausame Strenge anscheinend wenig Wirkung zeigte, verschärfte man sie 1705. Dieb und Diebeshehler waren fortan direkt vor dem Haus aufzuhängen, in dem der Diebstahl stattgefunden hatte.

Der Sohn und Nachfolger des Schiefen Fritz hatte seine ganz eigene Vorstellung von Gerechtigkeit. Einen seiner geliebten langen Kerls, der einen räuberischen Einbruch begangen hatte, prügelte er eigenhändig von den Richtern frei, begnadigte aber nicht einmal einen zehnjährigen Knaben, der aufgehängt wurde, weil er die Straßenlaternen in Berlin bestohlen hatte. 1735 erschien eine weitere Verordnung gegen die Hausdiebe: Jeder Bedienstete, ob männlich oder weiblich, der seinem Herrn über drei Taler stahl, sollte »alsobald durch summarischen Prozess ohne Unterschied des Gestohlenen an oder vor dasselbe Haus, darin gestohlen, zum öffentlichen Spektakul aufgehenket und mit dem Strange vom Leben zum Tode gebracht werden«. Die Strafe wurde erstmals im Dezember 1735 an einem Bedienten – angeblich einem »Mohren« – des geheimen Staats- und Kriegsministers von Happe vollzogen, der die immerhin bedeutende Summe von 2000 Talern gestohlen hatte. Von diesem Tag an hieß das Haus Brüderstraße 10 bis heute das Galgenhaus.

Die Geschichte mutierte schnell zur Sage vom Henkerhaus. Im selbigen Hause des Ministers, so erzählte es der Volksmund in vielerlei Versionen, sei ein silberner Löffel vermisst worden. Da alle Bediensteten dem Minister seit Jahren treu dienten, geriet ein eben erst in Dienst genommenes Hausmädchen in Verdacht, das zudem Umgang mit einem armen Soldaten pflegte. Die Dienstmagd wurde zum Tode verurteilt und vor der Happeschen Haustür aufgehängt. Kurze Zeit später fand sich der Löffel, den eine zahme Ziege – nach anderer Lesart eine Elster – verschleppt hatte.

Das Loch des Galgenpfahls ließ sich nicht mehr zuschütten, sooft man es auch zu verfüllen versuchte. Das Haus, ständig von einer neugierigen Menge umlagert, geriet derart in Verruf, dass Happe es loszuwerden suchte. Kaufen wollte es niemand. So musste es 1737 schließlich der Berliner Magistrat auf königlichen Befehl erwerben und richtete darin die Berliner Propstei ein. Das Galgenloch wurde mit einem Gitter versehen und als Kellerloch benutzt. Das Galgenhaus überstand Abriss und alle Zerstörungen ringsum und ist noch heute als einer der wenigen erhaltenen Bauten aus dem 17. Jahrhundert in der Brüderstraße zu besichtigen.

Tatsächlich kam am 24. Mai 1737 in der Brüderstraße – nach anderen Quellen in der Markgrafenstraße – die Magd des Geheimen Rats Truzettel, die drei Taler und zwölf Groschen – vielleicht auch sieben Taler und zehn Groschen – gestohlen hatte, an den Galgen vor dem Haus Truzettels und hing dort bis Sonnenuntergang, bevor man die Leiche an den Galgen vor dem Tor brachte.

Schon sechs Jahre zuvor hatte sich der Fall des Kaufmanns Lampert in der Brüderstraße ereignet. Der vermisste vor der Abreise plötzlich Goldstücke im Reisegepäck. Der Verdacht fiel auf das Dienstmädchen Marie Keller, das den Diebstahl jedoch standhaft leugnete. Von der Juristischen Fakultät der Universität Frankfurt/Oder zum Verhör unter der Folter verurteilt und durch ungeschicktes Verhalten der eigenen Mutter zusätzlich belastet, gab die Angeschuldigte unter der Tortur »ihr verstocktes Leugnen« auf und wurde gehenkt. Einige Zeit später beging Lamperts Frau Selbstmord und hinterließ ein Geständnis: Sie selber hatte die Dukaten aus dem Gepäck ihres Mannes entnommen.

Die barbarische und wahrhaft schaurige Rechtspraxis beeindruckte die Diebe anscheinend nicht, sondern führte eher zum Rückgang der Anzeigen. Kein rechtschaffener Bürger wollte einen Galgen vor seinem Haus sehen. Fest steht jedenfalls, dass Friedrich Wilhelms unbarmherzige Strenge »den Berlinern das schauerliche Schauspiel grauenhafter Hinrichtungen mit Foltertorturen häufiger bereitet als jemals in früherer oder späterer Zeit«. Bald fanden die Hinrichtungen wieder auf dem Richtplatz vor den Toren statt.

1710 entging Erdmann Briesemann zunächst einmal dem Tode, nachdem er seinen Meister, den königlichen Hofkürschner Martin Henrich, mit einem Klöppel erschlagen hatte. Er gestand die Tat weder unter der Folter noch auf dem Gerichtsplatz, wohin man ihn des Ehebruchs mit seiner Meisterin wegen führte. Nachdem er aber einige Jahre auf der Festung Peitz verbracht hatte, bekannte er sich zu der Tat, »bereute sie herzlich und gehet mit Freuden zu der ihm auferlegten Strafe«. Die späte Reue des Mörders wirft ein bezeichnendes Licht auf die Haftbedingungen in Peitz. Am 13. November 1716 wurde Briesemann in Berlin geköpft und aufs Rad gelegt. »Ist ein denkwürdiges Exempel der wunderbaren Gerichte Gottes«, merkt Jakob Schmidt an.

Diebstahl im Schloss

Am 8. Juni 1718 war wiederum die ganze Stadt auf den Beinen, als der Schlosskastellan Valentin Runck und der Hofschlosser Daniel Stieff aufs Rad geflochten wurden. Die beiden Schlossbediensteten hatten ihre Stellung ausgenutzt, um mittels von Stieff gefertigter Nachschlüssel »erhebliche Wertsachen und Geld« aus dem Schloss zu stehlen, vor allem nämlich Medaillen aus dem königlichen Münzkabinett. Ein Goldschmied, der als Hehler fungierte, bot sie ausgerechnet dem Kabinettaufseher La Croze an, der seinen Bestand nur allzu gut kannte. Der Soldatenkönig ließ die beiden Diebe mit glühenden Zangen foltern und auf dem Schinderkarren drei Stunden durch die Stadt fahren, bevor sie dann vor den Augen ihrer Ehefrauen lebendig gerädert wurden. Die Frauen, die nichts von den Diebstählen gewusst hatten, kamen »auf Königs Gnade« lebenslänglich nach Spandau.

Schon 1655 war ein Dieb, der im Schloss eine silberne Konfektschale gestohlen hatte, auf dem Rabenstein erst mit dem dritten Streich des Scharfrichters Gottfried enthauptet worden. Ihm folgte 1699 »ein Weib, das einen Churfürstlichen Silbernen Teller gestohlen«.

Der verräterische Henkersknoten

Unter dem Alten Fritz besserten sich die Justizverhältnisse. 1748 erließ Friedrich II. eine Order, wonach jedes Verfahren innerhalb eines Jahres abgeschlossen sein müsse, und 1754 legte ihm sein Großkanzler Samuel von Cocceji schließlich die Kabinettsorder zur Unterschrift vor, die jegliche Tortur außer bei Landesverrat, Majestätsverbrechen und großen Mordtaten verbot. Als unmittelbarer Anlass zu dieser überraschend progressiven Maßnahme ist die Geschichte vom Henkerknoten in mancherlei Form überliefert.

In der Behrenstraße, so heißt es, wohnte eine wohlhabende Witwe, die man eines Morgens erdrosselt in ihrem ausgeraubten Haus auffand. Das Dienstmädchen sagte aus, die Frau sei am Vortag mit ihrem nichtsnutzigen und leichtlebigen Sohn in Streit geraten, der stets nur Geld von ihr forderte. Unter der Folter gestand der missratene Sohn denn auch die Untat und wurde zum Tode durch denselben Strang verurteilt, mit dem er seine Mutter erdrosselt hatte. Am Tag der Hinrichtung stand er schon unter dem Galgen, als der Henker den Strick in die Hand nahm und den kunstvollen Knoten darin bemerkte. »Diesen Knoten kann nur ein Henker oder Henkersknecht geknüpft haben«, rief er aus, und schon erblasste einer seiner Knechte, in dem man nun unschwer den wahren Täter erkannte. Im Verhör gestand er, dass die Dienstmagd, die den Sohn so stark belastet hatte, ihn zu dem Mord angestiftet habe, um an das Geld ihrer Herrin zu gelangen.

Die Wahrheit ist wie meist etwas prosaischer. Eine Witwe Krüger lebte um 1753/54 in einer Wohnung über dem Stelzenkrug am Alexanderplatz. Eines Morgens fand man sie ermordet. Der Verdacht fiel auf ihren Untermieter Clemens Reichelt, einen jungen Kandidaten der Theologie. Der leugnete hartnäckig, legte jedoch unter der Tortur ein Geständnis ab. Da ihn jedermann als unbescholten und friedlich kannte, wandten sich einige Bürger an Friedrichs Großkanzler von Cocceji und baten um eine eingehende Untersuchung. In deren Verlauf wurde festgestellt, dass der komplizierte Knoten im Strick, mit dem die Witwe erdrosselt worden war, tatsächlich von einem Fachmann herrühren müsse. Bei weiteren Nachforschungen ergab sich, dass die Brüder der Witwe zwei Spandauer Henkersknechte waren, die man am Abend vor der Tat in der Nähe des Stelzenkrugs gesehen hatte. Die beiden gestanden den Mord, den sie begangen hatten, um an den Besitz der Schwester zu gelangen. Reichelt wurde freigelassen, und die wahren Mörder wurden hingerichtet. Cocceji erstattete dem König Bericht, und der erließ am 4. August 1754 jene Order wider die Tortur in Brandenburg und Preußen.

Friedrichs Geheimorder

Eine weitere königliche Geheimorder von 1749 blieb dem schaulustigen Volk erstaunlicherweise jahrzehntelang verborgen – obwohl in der Folgezeit die meisten zum Tode Verurteilten davon profitierten. So auch der 28-jährige »Hausdieb und Mordbrenner« Johann Christian Höpner aus Landsberg an der Warthe, der zwei Tage vor dem Tod des großen Friedrich, am 15. August 1786, öffentlich verbrannt wurde. Höpner stand als Bedienter bei dem Kriegsrat Fäsch Am Kupfergraben 7 in Diensten. Der zweigeschossige Barockbau von 1756 ist als »Magnushaus« der Deutschen Physikalischen Gesellschaft erhalten geblieben.

Höpner hatte seinem Dienstherrn über tausend Taler aus einem Schrank gestohlen und anschließend unter diesem Schrank und unter den Betten im Nebenzimmer Feuer gelegt.

Das bereits ausgebrochene Feuer ward zwar glücklich gedämpft, der Höpner aber Verdachts halber eingezogen, welcher auch 10 Tage nachher die ganze schwarze Tat eingestand.

Durch gesprochenes Urteil und Recht ward ihm mit dem Feuer vom Leben zum Tode gebracht zu werden zuerkannt. Dem zu folge ward er am 15. August vor das Berlinische Rathaus geführet, daselbst das peinliche Halsgericht über ihn geheget und der Stab zerbrochen wurde. Hierauf ward derselbe unter Bedeckung eines Bürger Commandos zum Tor hinaus nach dem Gerichte geführt, wo unweit des Galgens der Scheiterhauffe angefertigt und um welchen die Wachtparaden der Berliner Garnison einen Kreis geschlossen hatten. Nach dem Eintritt in den Kreis und nach kniend verrichteten Gebete legte der Delinquent Rock, Hut und Schuhe ab und ward durch die Scharfrichter in den Scheiterhaufen geführt welcher letztere hierauf angezündet und so die von dem Höpner wohlverdiente Strafe an ihm zum warnenden Beispiel für andere vollzogen wurde.

Auf Friedrichs Geheimorder wird in dem Bericht kein Bezug genommen.

Dafür aber ist die »Spezifikation derer Gerätschaften, welche zur Verbrennung des berüchtigten Delinquenten« gebraucht wurden, überliefert:

Ein Pfahl aus Eichenholz, ¾ Fuß breit und 14 Fuß lang.
16 Klafter trockenes Holz, ½ Klafter Kien.
12 Stück etwa 12 Fuß lange Latten zur Befestigung des Scheiterhaufens, 1612 Fuß lange Bretter, ½ Tonne Teer,
4 Pfund Schwefel, 2 Schock große Nägel
1 eiserner Kohlenkessel nebst einem Sack Kohlen,
2 Leitern zum Aufsteigen, ein Schemel zum Gesäß des Delinquenten, Ketten zum Fesseln, Haken und so fort.

Auch die kommentierte Abbildung des dreifachen Mörders und Posträubers Christian Lenz, »Schlächter Gesellen aus Orangenburg, wie er den 19. Januar 1790 aus der Hausvogtei nach Urteil und Recht auf einer Schinderkarre mit einer Kuhhaut umgeben, rückwärts gesetzt nach der Gerichtsstätte geführt, daselbst von unten auf lebendig gerädert und hernach aufs Rad geflochten«, erwähnt Friedrichs Order nicht.

Preußens letzter Scheiterhaufen loderte am 28. Mai 1813, dem Freitag nach Himmelfahrt, in der nördlichen Jungfernheide, weit draußen auf einem Acker, der »an die Feldmark des Vorwerks Wedding grenzte und hinter dem Förster Philipp lag«. Erst in dem Bericht über dieses gutbesuchte Ereignis wird ganz beiläufig die geheime Order für den Henker erwähnt: nämlich die Delinquenten vor Entzünden des Scheiterhaufens auf eine dem Publikum unmerkliche Art zu erdrosseln.

Tod eines Mordbrenners

Hinrichtungen fanden gewöhnlich auf dem Hochgericht, dem Galgenplatz an der Gartenstraße (seit 1861 Gartenplatz), statt. Fälschlicherweise wird dieser Platz auch für den letzten Scheiterhaufen genannt. Diesmal jedoch hatte die Polizei einen weitab von Windmühlen und Kolonistenhäusern gelegenen Ort gewählt, »daß jeder Gedanke an Feuersgefahr entfernt wird, auch groß genug, um jede sich einfindende Volksmenge aufzunehmen«.

Hingerichtet wurden der dreißigjährige Mordbrenner Johann Christian Peter Horst aus Jerichow an der Elbe, Anführer einer berüchtigten, angeblich mehr als hundertköpfigen Räuberbande, die in wenigstens 45 Städten und Dörfern Feuer gelegt hatte, und seine schöne 21-jährige Komplizin und Geliebte Friederike Luise Christiane Delitz, die uneheliche Tochter eines Maurergesellen.

In Neuenfund büßten durch das Feuer sechs (nach anderen Quellen zwei) Menschen das Leben ein. Den Schaden, welcher durch alle diese Brandstiftungen angerichtet worden ist, kann man auf 300 000 Taler annehmen. Der Vorteil, welchen Horst für seine Person durch die Diebstähle erlangte, welche er während des Brandes verübt, wird die Summe von 200 Talern nicht übersteigen.

Im August 1810 gesellte sich die Delitz »zu dem ihr schon bekannten Horst und nahm teil an den Brandstiftungen. Das Dorf Schönerlinde, wo durch das Feuer vier Menschen das Leben einbüßten, steckte sie mit eigener Hand in Brand.« Die Delitz hatte keinerlei Gewinn von ihren Taten.

Zu weiteren Bränden mit Diebstählen kam es auch in Steglitz und in Schöneberg. In den Straßen der Stadt sang man das Mordbrennerlied: »Berlin wird nächstens abgebrannt«, hieß es da. Den Horst fing man eher zufällig nach dem Brand in Schöneberg am 30. September 1810, seine Komplizin erst in Schlesien. Die Kriminaldeputation des Königlichen Stadtgerichtes verurteilte die beiden wegen vorsätzlicher Brandstiftung rechtskräftig, »sie zur Richtstätte zu schleifen und allda mit dem Feuer vom Leben zum Tode zu bringen«.

Die Delinquenten wurden um sechs Uhr früh auf zwei Leiterwagen – er angekettet stehend, sie mit dem Rücken zu ihm auf einem Bündel Stroh sitzend – aus der Hausvogtei unter Begleitung reitender Polizei, der Gendarmerie und militärischer Bedeckung, einer Abteilung der Schützengilde und der reitenden Nationalgarde durch ein dichtes Spalier der Neugierigen zum schwerbewachten Richtplatz gebracht, wo sie der Scharfrichter und seine Knechte Rücken an Rücken auf einer mit Kuhhaut überzogenen Holzvorrichtung zum Scheiterhaufen schleiften. Ungefesselt bestiegen sie über eine Leiter das Schafott. Dabei benahmen sie sich wie gefeierte Schauspieler. Horst warf noch einmal keck seinen Hut in die Höhe, tauchte unter der Seilschlinge des Henkers durch, ging zu Christiane und umarmte und küsste sie. Festgebunden an zwei Pfählen sollten sie nun den Feuertod erleiden – jedenfalls für die gaffende Menge. Tatsächlich zog ihnen der Scharfrichter weiße Kappen über die Gesichter und erdrosselte sie unbemerkt vom Publikum. Dann wurde der Holzstoß in Brand gesetzt, wobei Tausende von Zuschauern die Richtstätte umlagerten. Höhere Beamte, reiche Bürger und Adlige waren mit Familien in ihren Equipagen zu dem Schauspiel angereist. Es gab eben noch kein Fernsehen.

Die letzte öffentliche Hinrichtung

Der Galgenplatz zwischen Acker-, Berg- und Feldstraße, der seit 1861 seinen Namen trägt und auf dem sich seit 1893 die katholische St.-Sebastian-Kirche erhebt, sah am 2. März 1837 Berlins letzte öffentliche Hinrichtung. Die 42-jährige Witwe (!) Henriette Meyer geb. Heidenreich aus der Neuen Friedrichstraße 23 (etwa da, wo sich heute der Eingang des Fernsehturms befindet) war wegen vorsätzlicher Ermordung ihres schlafenden Ehemannes mit dem Rade »von unten herauf vom Leben zum Tode zu bringen«. In der »Warnungsanzeige« des Stadtgerichts heißt es:

... daß sie die That mit überlegtem Vorsatz ausgeführt, indem sie mit einem großen, erst einige Tage vorher scharf geschliffenen Fleischermesser ihrem schlafenden Ehemann den Schnitt in den Hals beigebracht hat. Als Beweggrund der That aber hat ihr lüderlicher Lebenswandel und vorzüglich der Wunsch, sich mit einem andern Mann zu verheiraten, sich ergeben.

Auch in diesem Fall wurde die grausame Strafe dadurch gemildert, dass man die Unglückselige gemäß der vom Alten Fritz erlassenen Geheimorder vor dem Rädern »wie gewöhnlich unbemerkt« erdrosselte. Dafür blieb der Leichnam über zwei Monate auf dem Richtplatz liegen, und täglich strömten Neugierige herbei.

Im April 1841 gelang es dem Magistrat endlich, eine Kabinettsorder zu erreichen, die verfügte, in Berlin keine Hinrichtungen mehr stattfinden zu lassen. Doch erst im Juli 1842 wurde das Hochgericht abgerissen, ein etwa zwei Meter hoher, quadratischer Ziegelbau mit eingebauter Treppe und eisernem Geländer.

Das Kammergericht war nur schwer davon zu überzeugen, dass der Galgen entbehrlich sei. Es verlangte sein Fortbestehen, um dort die Fahndungszettel von desertierten Soldaten und flüchtigen Bankrotteuren anzuheften – ein Brauch, der noch aus dem Mittelalter stammte. Die Baumaterialien sowie das mit Eisenblech beschlagene dreibeinige Galgengerüst versteigerte die Stadtverwaltung am Ort gegen Barzahlung. Die Hinrichtungen fanden von nun an in Spandau, später dann in Moabit und Plötzensee statt.

Scharfrichter Krautz

Die Namen der Scharfrichter sind nicht sämtlich überliefert. Der Volksglaube berichtet von einem Berliner Konditormeister, der seine lukrative Nebentätigkeit daheim an Kohlköpfen zu erproben pflegte. Da bei der Vollstreckung durch das Schwert dennoch immer wieder Fehlschläge vorgekommen waren, hatte man 1811 in Preußen Handbeil und Richtblock eingeführt.

Nachdem in Preußen zwischen 1866 und 1878 keine (!) Todesstrafe vollstreckt worden war, galt es 1878, für die Hinrichtung des Kaiserattentäters das Amt des Scharfrichters neu zu besetzen. Dafür kam in erster Linie der Besitzer der Abdeckerei in Frage. Dessen erster Werkführer, Julius Krautz (1843–1921), bewarb sich und wurde zum Scharfrichter für das Königreich Preußen berufen.

Im Jahr 1878 wurden gleich zwei Attentate auf den Kaiser verübt. Am 11. Mai knallten bei der Vorbeifahrt des 81-jährigen Kaisers Unter den Linden drei Revolverschüsse, abgegeben von dem Klempnergesellen Emil Max Hödel. Drei Wochen später schoss ein zweiter Attentäter, Dr. Karl Eduard Nobiling aus Posen, ebenfalls Unter den Linden mit einem Schrotgewehr auf den Kaiser und verletzte ihn – für den Reichskanzler Bismarck ein willkommener Anlass zur erbitterten Verfolgung der Sozialdemokratie, die nachweislich nichts mit den Attentaten zu tun hatte. Eine Welle von Denunziationen schwappte über die Hauptstadt. Nobiling hatte sich selbst gerichtet, Hödel aber wurde in einem Prozess, bei dem man seinem Verteidiger die Akteneinsicht verweigerte, zum Tode verurteilt und am 16. August 1878 von Krautz im Hof des Zellengefängnisses in der Lehrter Straße in Moabit mit dem Handbeil hingerichtet. Die vorerst letzte Hinrichtung fand dort am 8. November 1886 statt; danach waltete der Scharfrichter für lange Jahre im Gefängnishof Plötzensee seines Amtes.

Krautz richtete zwischen 1878 und 1889 auch in anderen deutschen Ländern insgesamt 55 Personen, darunter etliche Anarchisten. Er wohnte in der übel beleumdeten Mulackstraße 3 und später in Spandau, während die Abdeckerei um 1885 in die Wilmersdorfer Straße 13 in Charlottenburg umgezogen war.

Für seine erste Hinrichtung lieh sich Krautz im Märkischen Museum ein Beil. Es handelte sich dabei um eine Kopie des Beils seines Magdeburger Vorgängers Wilhelm Reindel, der etliches Richtwerkzeug, darunter auch ein echtes Rad, an das Museum verkauft hatte. Später ließ sich Krautz ein Beil mit 44 Zentimetern Schneide und 50 Zentimeter langem Griff anfertigen. Sein frommer Wahlspruch lautete:

Wenn der Meister tut das Beil erheben,
wünscht er dem Sünder das ewige Leben.

Die rüden Worte »die Kohlrübe runterhauen« schreibt Krautz in seinen Erinnerungen dem Mörder Heinze zu, dem Deutschland die sittenstrenge »Lex Heinze« verdankte. Ein Journalist veröffentlichte 1893 das schmale Bändchen »Der Scharfrichter von Berlin« mit Krautz' Aufzeichnungen. Zwischen 1889 und 1891 aber war bereits bei A. Weichert in der Barnimstraße 48 – zwei Ecken vom Gefängnis entfernt – ein Kolportagewerk in 130 Lieferungen erschienen: »Der Scharfrichter von Berlin, Sensations-Roman. Acten, Aufzeichnungen und Mittheilungen des Scharfrichters Julius Krautz von

Victor von Falk; 3119 Seiten mit 127 Holzschnitten.« Wer Lust hat, kann das dickleibige Opus in der Sondersammlung des Zentrums für Berlin-Studien in der Breiten Straße einsehen.

Plötzensee – eine Stätte des Massenmordes

Hinrichtungspausen wie in den zwölf Jahren nach 1866 traten im kaiserlichen Deutschland nicht mehr ein, und auch in der Weimarer Republik blieb der Henker ein durchaus beschäftigter Mann. Nach 1933 aber wurde Plötzensee zu einer Stätte des Massenmordes und zu einem der Synonyme für die Schreckensherrschaft der Nationalsozialisten. Bis 1942 war es die zentrale Hinrichtungsstätte aller vom sogenannten Volksgericht und vom Berliner Kammergericht zum Tode Verurteilten. Deren Zahl stieg ab 1938 steil an. Ab 1942 wurden Todesurteile dann auch in Brandenburg-Görden vollstreckt.

Die erste Hinrichtung aus politischen Gründen traf den 26-jährigen Berliner Arbeiter Richard Hüttig, der am 14. Juni 1934 im Hof vor dem Flügel der Todeskandidaten mit dem Handbeil enthauptet wurde. Später kam dann eine Guillotine zum Einsatz, unter der am 20. Juni 1938 Liselotte Herrmann als erste Frau von insgesamt 1574 NS-Gegnern starb. Diese Zahl schließt nicht die 1341 aus angeblich kriminellen Gründen und als »Volksschädlinge« Hingerichteten ein, auch nicht die etwa hundert Hinrichtungen im Zellengefängnis Lehrter Straße, von denen der dortige Gefängnispfarrer Dr. Ohm berichtete.

Als nach der Verhaftung der Schulze-Boysen-Harnack-Organisation die Anzahl der Todesurteile anschwoll – allein 49 gegen Angehörige dieser Widerstandsgruppe –, befahl

Hitler im Dezember 1942 die Einrichtung einer »gleichzeiti-ge(n) Erhängungsmöglichkeit für 8 Personen«. In mehreren unvorstellbaren Massenaktionen starben die Opfer einer barbarischen Justiz, nebeneinander gehenkt an Fleischerhaken.

Und als genüge das noch nicht an grauenhafter Unmenschlichkeit, ließ Hitler nach dem 20. Juli 1944 eine Reihe der hohen Offiziere und Staatsbeamten langsam strangulieren und dabei filmen. 89 Frauen und Männer des 20. Juli fanden in Plötzensee den Tod. An der grausigen Hinrichtungsstätte am Hüttigpfad wird heute an alle diese Opfer erinnert.

Henkerhannes und die Berliner Guillotinen

Wer da glaubt, nach einem solchen Blutrausch wäre es für alle Zeiten genug mit der Todesstrafe, der irrt. Noch 1949 sprach sich die Mehrzahl der (West-)Deutschen für die Beibehaltung der Todesstrafe aus; unter den Juristen waren es gar 83 Prozent. Dennoch votierte die Mehrheit des Parlamentarischen Rates der späteren Bundesrepublik für den Artikel 102 des Grundgesetzes und damit für die Abschaffung der Todesstrafe. In West-Berlin galt diese Regelung offiziell erst ab Dezember 1951 und schloss die Rechtssprechung der Alliierten (zum Beispiel bei Verstößen gegen das Kriegswaffengesetz) aus.

Hingerichtet wurden in Berlin zwischen 1946 und dem 11. Mai 1949 wahrscheinlich etwa zwanzig Menschen. Belegt sind 13 Hinrichtungen, zwölf in der Lehrter Straße in Moabit – davon vier nach Urteilen des britischen Militärgerichts –, eine im späteren Kriegsverbrechergefängnis in Spandau. Dort starb am 21. August der Postoberinspektor Kieling, der in den letzten Kriegstagen einen kriegsunwilligen Arbeiter erschossen hatte. Sein staatsanwaltlicher Ankläger beim Bezirksgericht Friedenau war übrigens der ehemalige Reichsgerichtsrat Ernst Melsheimer, vor dem noch eine bedeutende Karriere als Generalstaatsanwalt der DDR lag und der noch manches Todesurteil fordern sollte.

Zu dieser Zeit war er ebenso wie die spätere DDR-Justizministerin Hilde Benjamin in West-Berlin tätig, wo Hinrichtungen noch immer auf einer der beiden Guillotinen aus der NS-Zeit vollstreckt wurden. Den zweiten schaurigen Tötungsapparat lieh man auf Anforderung auch in die Sowjetische Besatzungszone aus; er verblieb 1948 in Frankfurt/ Oder. Der Legende nach soll es sich bei der Berliner »Fallschwertmaschine« um ein Mitbringsel Napoleons oder um eine Kriegsbeute aus einem Pariser Museum handeln, die 1871 ins Kölner Gefängnis Klingelpütz verschleppt wurde und erst seit 1944 in Berlin stationiert war. Andere Quellen meinen, das transportable Gerät sei erst 1934 auf Hitlers Anforderung hin in Berlin-Tegel gebaut worden. Auf jeden Fall harrte es nach seinem letzten Gebrauch im Mai 1949, sorgfältig eingefettet und verpackt, im Keller der Moabiter Untersuchungshaftanstalt seiner weiteren Verwendung. Als Besitz des Deutschen Historischen Museums wurde es schließlich als Dauerleihgabe an das Strafvollzugsmuseum in Ludwigsburg weitergereicht.

Henker in West-Berlin war 1946–49 Clemens Dobbeck aus Neukölln; im Osten waltete der Köpenicker Hans Engelmann noch bis 1952 seines schauerlichen Amtes – allerdings in verschiedenen Zuchthäusern der DDR und nicht in Berlin. Beiden ging bei angeblich 38 bzw. 48 Hinrichtungen ein Gehilfe zur Hand, der sich 1946 selbst den Justizbehörden angeboten hatte: Gustav Völpel, in einschlägigen kriminellen Kreisen als

Henkerhannes bekannt und noch heute vielfach für Berlins Scharfrichter gehalten.

Völpel, schon in den 1930er Jahren im Kiez um den Alex aktiv, wo seine Frau Martha auf den Strich ging, kehrte 1945 aus dem KZ Dachau nach Berlin zurück und wurde als Opfer des Faschismus anerkannt. Von seiner Tätigkeit als Henker schwadronierend, stets in dunkle Geschäfte verwickelt – so lernte ihn auch Berlins selbsternannter Al Capone Werner Gladow kennen, dem er sich anschloss. Als die Bande endlich vor Gericht stand, fehlte Völpel unter den Angeklagten. Er war bei einem Einbruch in eine Neuköllner Fleischerei »verschüttgegangen« und kam in Moabit mit sieben Jahren Zuchthaus und fünf Jahren Ehrverlust davon. Seine Frau Martha erhielt im »kleinen« Gladow-Prozess fünf Jahre Zuchthaus. Sie hatte gerne mit der schaurigen Geschichte vom Henkersbeil renommiert, das sie vom Blut der Delinquenten gesäubert habe.

Friedhofs- und Grabgeschichten

Berliner Friedhöfe

In Berlin gab und gibt es viele interessante und manchmal wohl auch schaurige Friedhöfe und Grabstellen. Heinz Knobloch hat den Berliner Grabsteinen ein ganzes Buch gewidmet: »Alte und neue Berliner Grabsteine«.

Der bekannteste Berliner Friedhof ist der Dorotheenstädtische an der Chausseestraße neben dem Brecht-Haus, Teil eines einstmals größeren und inzwischen längst überbauten Friedhofskomplexes. Auch auf dem Schlossplatz, auf dem Gendarmenmarkt, am Hauptbahnhof, in der Nähe des Alexanderplatzes und der Torstraße liegen unter Bebauung und Straßenpflaster längst vergessene Friedhöfe, von denen keine Spur geblieben ist. 1998 wurden auf dem Invalidenfriedhof, der durch den Mauerbau 1961 verwüstet worden war, barocke Grabstätten entdeckt.

Die Friedhöfe, die sich zum Teil noch heute vom Invalidenfriedhof über Prenzlauer Berg, Friedrichshain und Südstern bis zum Mehringdamm rings um den alten Stadtkern erstrecken, haben ihre eigene Geschichte. Die ältesten Begräbnisplätze befanden sich auf den Kirchhöfen von St. Marien, St. Nicolai und St. Petri, wo inzwischen Hunderte Skelette gefunden worden sind. Die brandenburgischen Herrscher waren in der Gruft der Dominikanerkirche auf dem Schlossplatz (etwa unter der Straße vor dem ehemaligen Staatsratsgebäude) beigesetzt. 1747 wurden sie aus dem wegen Baufälligkeit abgerissenen Grabgelege in die Hohenzollerngruft des alten Doms am Lustgarten umgebettet, wobei man eine Gruft mit zehn Särgen – darunter die der beiden Joachims – »vergaß«. Die Archäologen haben die vergessene Markgrafengruft auch bei den Grabungen nach der Jahrtausendwende nicht gefunden.

Särge zahlungsfähiger Bürger und prominenter Militärs standen auch in den Grüften anderer Kirchen – aus der Parochialkirche entführten unbekannte Spaßvögel im August 1985 einen mumifizierten Toten und setzten ihn mit dem SED-Zentralorgan im verdorrten Arm auf eine Bank im U-Bahnhof Klosterstraße.

Die drei heiligen Linden

Zwischen der Heiligengeistgasse und der Spandauer Straße befand sich der Kirchhof des Hospitals zum Heiligen Geist, dessen Kapelle erhalten geblieben ist. Von diesem Kirchhof erzählt die Sage von den drei heiligen Linden, die der Pfarrer der Heiliggeistkirche, Philipp Jakob Schmidt, Anfang des 18. Jahrhunderts aufschrieb.

Es muss sich um drei beeindruckende Bäume gehandelt haben, die in mehreren zeitgeschichtlichen Dokumenten auftauchen. Die Hospitalrechnungen von 1623 belegen, dass die Linden Stützen brauchten, da sie sich über den ganzen Friedhof ausgebreitet hatten. Auch auf dem Plan des Heiliggeistviertels von 1701 ist das Hospital »nebst dem Kirchhoff und Drey großen Linden« zu sehen. In deren Schatten sollen nach der Pulverturmexplosion von 1720 die Gottesdienste für die Soldaten abgehalten worden sein. Ein Aquarell von 1825 nach einem altem Stich zeigt den Friedhof mit den drei prächtigen Linden, von denen die Sage berichtet.

In Berlin lebten danach einstmals drei Brüder, die einander sehr zugetan waren und stets füreinander einstanden. Obwohl sie gänzlich unbescholten waren, wurde einer von ihnen des Meuchelmords angeklagt. Die Umstände machten eine Täterschaft wahrscheinlich, und so sollte er ohne Geständnis hingerichtet werden. Die beiden anderen Brüder gingen zum Richter und erklärten sich für schuldig, worauf der erste ebenfalls ein Geständnis ablegte. Der Richter trug den Fall dem Kurfürsten vor, der ein Gottesurteil verlangte. Jeder der drei pflanzte auf dem Kirchhof eine junge Linde mit der Krone im Erdreich. Wessen Baum vertrocknen würde, der sei der Täter. Der Frühling kam, und alle drei Linden schlugen aus und wuchsen bald zu kräftigen Bäumen heran. Daraufhin wurden die drei Brüder Halkan freigesprochen.

Am Haus Klosterstraße 87 (etwa am Fuß des Fernsehturms) befand sich früher ein Bronzerelief mit drei Lindenbäumen, das an die Sage erinnerte. Das Wappen mit den drei Krügen und den Namen Peter, Hans und Jakob Halkan gelangte aus der Heiligengeistkapelle ins Märkische Museum.

Die Hand aus dem Grabe

Die Sage von der bösen Dörte spielt im 18. Jahrhundert in der Friedrichstadt und auf dem alten Friedhof der Dreifaltigkeitsgemeinde an der heutigen Baruther Straße. Klein-Dörte, deren Vater bereits vor ihrer Geburt gestorben war, soll störrisch, eigenwillig und trotzig gewesen sein. Die nachsichtige Mutter strafte sie dennoch nicht. Dörte war nur artig, wenn die Mutter ihr Geschichten erzählte. Als sie größer wurde, ging sie bald aus dem Haus. Die fromme Mutter weinte bittere Tränen, denn alle ihre Ermahnungen wegen des schlechten Umgangs der Tochter halfen nicht. Dörte blieb leichtsinnig und arbeitsscheu. Als die verzweifelte Mutter sie einmal suchte, fand sie die Missratene in einer düsteren Gasse in schlechter Gesellschaft. Die Mutter wollte sie mit sich fortziehen, doch Dörte drohte wütend: »Lass mich, oder ich schlag' dich!«

Ein vorübergehender Mann schalt aufgebracht: »Hast du denn Gottes viertes Gebot ganz vergessen, du ungeratenes Kind? Wer seine Mutter schlägt, dem wächst die Hand aus dem Grabe.«

Die Worte bewirkten immerhin, dass Dörtes Verhalten sich etwas besserte. Bald aber erkrankte sie schwer und starb innerhalb von drei Tagen. Die Mutter pflegte das Grab auf dem Dreifaltigkeitsfriedhof und bepflanzte es mit Efeu und Rosen. Nach acht Wochen gewahrte sie zu ihrem Entsetzen, dass ein Finger aus der Erde hervorwuchs. Alle Versuche, ihn zu verdecken, erwiesen sich als unmöglich, bis endlich die ganze Hand aus dem Grab gewachsen war und sich bewegte. Schreckensbleich rannte die Mutter zum Pfarrer, doch nicht einmal das heilige Kreuz half. Der Pfarrer riet, die sündigen Finger mit Ruten zu strafen. Dazu konnte die Frau sich nicht entschließen und liebkoste sie stattdessen.

Allmählich wurde die Sache in der Stadt bekannt, Neugierige strömten in Scharen herbei. Gläubige verlangten die Bestattung der Sünderin hinter der Friedhofsmauer, was der Pfarrer ablehnte. Da wollte keiner mehr einen Angehörigen auf dem Friedhof begraben lassen. Schließlich wurde der Scharfrichter gerufen. Der sollte die Hand mit dem Schwert abschlagen. Noch einmal trat die Mutter weinend an das Grab, kniete nieder und sprach drei Vaterunser. Dann bat sie um Erbarmen für die armen Seele, die keine Ruhe fand:

»Herr, vergib ihr in deiner allwaltenden Gnade«, und schlug drei Kreuze. Als am nächsten Morgen der Henker kam, war die Hand verschwunden.

Schleiermachers Grab und das Kleistgrab

Der Rundbau der evangelischen Dreifaltigkeitskirche mit dem achteckigen hölzernen Glockenturm, erbaut von Titus de Favre und Christian August Neumann, stand seit 1739 in der Friedrichstadt auf dem heute mit der einstigen Nordkoreanischen Botschaft bebauten Platz, wo Mohren-, Kanonier- (heute Glinka-) und Mauerstraße zusammentreffen. Der zur Kirche gehörende Sprengel erstreckte sich westlich der Friedrichstraße zwischen Belle-Alliance-Platz (heute Mehringplatz) und Behrenstraße. 1809–1816 war Friedrich Schleiermacher hier Pfarrer, eine der bedeutenden Persönlichkeiten des Berliner wissenschaftlichen Lebens und Mitbegründer der Berliner Universität. Erhalten sind an der Ecke Glinka- und Taubenstraße zwei der drei 1738 von de Favre für den reformierten wie den lutherischen Pfarrer und den Küster errichteten Pfarrhäuser – die beinahe einzigen erhaltenen Wohnbauten des 18. Jahrhunderts im heutigen Berlin. Schleiermachers Grab befindet sich seit 1834 auf dem Neuen Dreifaltigkeitsfriedhof an der Bergmannstraße, wo neben zahlreichen Prominenten Heines Jugendliebe Molly begraben liegt.

Zu besichtigen ist auch das Kleistgrab am Wannsee. An der Bismarckstraße 3 führt ein Weg hinunter zum Südufer des Kleinen Wannsees. An dieser Stelle hat am 21. November 1811 Heinrich von Kleist zuerst seine Seelenfreundin Henriette

Vogel und dann sich selbst erschossen. Beide ruhen hier in einem gemeinsamen Grab. Zehn Jahre lang hatte sich der mittellose Dichter vergeblich auf den Berliner Bühnen mit seinen Dramen um Erfolg bemüht. Erst die Nachwelt schenkte ihm den verdienten Ruhm.

Das begrabene Plättbrett

Weniger elegisch als Kleists Selbstmord und weitaus weniger sentimental als die Sage von der Hand aus dem Grab ist die wahre Geschichte von der Bruderliebe zweier böhmischer Schneider, auch als »Das begrabene Plättbrett« bekannt. Gemeinhin gilt in Berlin eine Frau, der es vorn und hinten an gewissen Rundungen mangelt, als Plättbrett. Bei den Brüdern Anton und Franz Tomaschek aus Sobietusch in Böhmen aber ging es um ein echtes Bügelbrett. Die beiden waren 1823 nach Berlin ausgewandert, wo der Schneidermeister Anton Tomaschek in der Leipziger Straße 80 eine ärmliche Wohnung mietete, in der er zugleich seine Werkstatt betrieb. Die Zeiten um das Revolutionsjahr 1848 waren unruhig, was Anton nicht hinderte, nach einem Brand in seinem Domizil mit allen Mitteln um die Versicherungsleistung zu kämpfen. Noch 1850, fünf Jahre nach dem Brand, gab er als »Eidesleister mit eisernem Ring am Halse« in Berliner Tageszeitungen umfangreiche Annoncen mit der Darstellung des angeblichen Betrugs auf. Die Versicherungsgesellschaft warf ihm nämlich vor, den Schaden nicht mittels Achtsamkeit und Umsicht abgewendet zu haben.

Bruder Franz lebte seit einigen Jahren in Kopenhagen. Dort ließ er sein Leben bei einer dänischen Gesellschaft für tausend

Reichsbanktaler und bei der englischen Gesellschaft Globe für tausend Pfund Sterling versichern. Nach ausgedehnter Korrespondenz mit Anton kam er am 23. Oktober 1848 nach Berlin, weil die Geschäfte in Kopenhagen angeblich wegen der Deutschfeindlichkeit schlecht gingen und ihn seine Frau nach unglücklicher Ehe verlassen habe.

In Berlin, wo Anton inzwischen Unter den Linden 47 residierte, traten die Brüder gemeinsam auf und gewannen neue Kunden. Bald war die Rede davon, sich zu vergrößern und eine Manufaktur zu gründen. Mit Franz' Gesundheit stand es allerdings nicht zum Besten, er spielte überall den Schwindsüchtigen, der angeblich bei Dr. Meyer in der Leipziger Straße in Behandlung war. Am 19. November erlitt er plötzlich einen Schlagfluss; Anton holte den befreundeten, am Arbeitshaus tätigen Assistenz- und Wundarzt Erster Klasse Gotthilf Anton Kunze aus der Französischen Straße, der jedoch nicht zu helfen vermochte. In der Nacht zum 20. November starb Franz und wurde am 24. November morgens auf dem katholischen Hedwigsfriedhof vor dem Oranienburger Tor in einem Grab dritter Klasse beigesetzt. Zum Andenken an den teuren Bruder veröffentlichte Anton Annoncen in Gedichtform.

Allerdings gab es einige Schwierigkeiten, die hohen Versicherungssummen (von denen er selbst dreißig Prozent beanspruchte) für die Schwägerin in Kopenhagen einzutreiben. Der dänischen Gesellschaft genügte die Bestätigung des Propstes Brinckmann, Pfarrer von St. Hedwig, er habe Franz Tomaschek begraben. Die vorsichtigen Engländer schickten einen Ermittler nach Berlin, der auch Kunze befragte. Dem blieb nichts anderes übrig, als ein weiteres Attest zum Totenschein des ominösen Dr. Meyer herzustellen und – auf welchem Wege auch immer – beglaubigen zu lassen. Das Dokument trug schließlich die Unterschriften des Polizeipräsidenten Hinckeldey und des Ministers für Auswärtige Angelegenheiten! Nun zahlte auch Globe, und Anton erhielt seinen Anteil von 300 Pfund – immerhin rund 2000 preußische Taler. Nachdem seine Frau im April 1850 gestorben war, betrieb er, aller Sorgen ledig, nunmehr am Neuen Markt in der Papenstraße 17 (heute Karl-Liebknecht-Straße vor der Marienkirche) seine Damenschneiderei und machte lediglich als »Eidesleister« unnötig auf sich aufmerksam.

Damit könnte die Geschichte ihr gutes Ende haben, wäre da nicht im Mai 1851 in Berlin der ungarische Taschendieb Istvan Kizs auf frischer Tat ertappt und vor den Kriminalbeamten Rockenstein geschleppt worden. Kizs behauptete, im Böhmischen von einem wohlhabenden Rentier gehört zu haben, der angeblich in Berlin begraben liege, in Wahrheit jedoch durch geschickten Versicherungsschwindel ein reicher Mann geworden sei. Rockenstein, ein ehemaliger Lohgerbergeselle, der sich zu Höherem berufen fühlte und sich in kurzer Zeit vom Schreiber emporgedient hatte, fand nach mühseligem Suchen Franz Tomaschek als Verdächtigen heraus. Recherchen in Österreich ergaben, dass der angeblich Verstorbene sich an seinem Geburtsort bester Gesundheit erfreute.

Daraufhin wurde Anton Tomaschek verhaftet. Er gestand ohne weiteres und nannte Rache an den Versicherungsgesellschaften als Motiv. Den Plan habe er gemeinsam mit Bruder Franz erdacht, der nun sorgenfrei als Rentier in Sobietusch lebe, während in Berlin ein leerer Sarg begraben sei.

Der Wundarzt Kunze, der den Totenschein mit der falschen Unterschrift Meyer ausgestellt hatte, leugnete anfangs jede Schuld und behauptete steif und fest, er habe den toten

Franz Tomaschek wahrhaftig gesehen. Nun widerrief auch Anton seine Aussage. Der berüchtigte und gefürchtete Polizeirat Stieber befahl, eine Kommission zu benennen und den Sarg auszubuddeln. Bei nächtlichem Fackelschein fand man ihn nahezu unbeschädigt und darin ein auf seidene Kissen und Stroh gebettetes, mit einem leinenen Hemd und weißer Zipfelmütze bekleidetes Bügelbrett.

In Böhmen nahm die österreichische Polizei Franz fest und lieferte ihn nach Berlin aus. Auch er leugnete und gab an, er sei scheintot neben einem Sarg erwacht und davongelaufen. Schließlich legte er doch ein Geständnis ab. Als aber am 15. April 1852 der Prozess begann, bestritten alle Beteiligten erneut den Betrug. Erst am 4. September kam es zu einer neuen Verhandlung, nachdem man aus Kopenhagen erfahren hatte, dass sogar Franz' Kinder über jeden Schritt der planmäßigen Gaunerei informiert gewesen waren. Das Urteil für die drei Angeklagten lautete auf je drei Jahre Zuchthaus und Strafarbeit plus 15 333 Taler 10 Silbergroschen Geldstrafe. Im Fall der Nichtzahlung kamen fünf Jahre Ersatzstrafe für die Tomascheks und vier für Kunze hinzu, dem außerdem die Berufsausübung auf Lebenszeit untersagt wurde. Nach der Strafverbüßung drohte Franz die Ausweisung, Anton und Kunz standen acht weitere Jahre unter Polizeiaufsicht bevor. In Kopenhagen wurde auch Franz' Ehefrau verurteilt.

Die drei in Berlin Verurteilten überstellte man in das Zuchthaus Brandenburg. Kunz, eine armselige und kranke Gestalt, überlebte die Strafe nicht, während Anton und Franz im September beziehungsweise November 1860 entlassen wurden. Franz soll später mit seiner Frau nach Amerika ausgewandert sein.

Knoblochs Berliner Grabsteine

Der alte Hedwigsfriedhof existiert nicht mehr. Der unermüdliche Berliner Heimatforscher Heinz Knobloch (in Dresden gebürtig) fand heraus, dass er einst an der Chausseestraße, Ecke Hannoversche Straße gelegen hatte. Als man die Gegend nach 1890 zu bebauen begann, ergab sich, dass eine Grabstelle des aufgelassenen Friedhofs auf hundert Jahre gekauft war und die Angehörigen eine Umbettung verweigerten. Da baute man das neue Haus einfach um den Grabstein herum, und wer immer den dort residierenden Musikverlag und seine Lesehalle aufsuchte, sah eine alte Frau stundenlang andächtig vor dem Stein sitzen, eine Nachfahrin jener Antoinette Weiss geb. Biancone, die hier seit 1805 ruhte. Erst um 1910 wurde der Stein auf den Neuen St.-Hedwigs-Friedhof in Reinickendorf umgesetzt, wo er noch heute zu besichtigen ist.

Berlins größter Friedhof liegt im Südwesten außerhalb der Stadt in Stahnsdorf. Hier ist auch der Ur-Berliner Heinrich Zille (gebürtig aus Radeburg bei Dresden) beigesetzt, ebenso manch andere berühmte Persönlichkeit. Es gibt dort auch einen Friedhof für die »Soldaten des Britischen Reiches, welche während des Weltkrieges 1914–1918 in Deutschland starben« – insgesamt 1172. Alljährlich im November fand und findet dort eine Gedenkfeier der britischen Streitkräfte statt, die an den Waffenstillstand 1918 erinnert. Wieder war es Heinz Knobloch, der in seiner wöchentlichen »Wochenpost«-Kolumne auf dieses Ereignis aufmerksam machte und eine böse Reaktion der Staatssicherheit zu spüren bekam. Die hatte schon seinen aufmüpfigen Bericht über die Wanderung zu Fontanes Grab übel vermerkt. Jenes Grab befindet sich auf dem »neuen« Friedhof (von 1835) der Französischen

Gemeinde in der Liesenstraße. Die wiederum bildete die Grenze zum West-Berliner Wedding. Also bedurfte es einer Genehmigung des stellvertretenden Ministers für Nationale Verteidigung und Chefs der Politischen Hauptverwaltung der Nationalen Volksarmee, um das Grab zu besuchen. Heute kaum zu glauben – aber wahr.

Ehrengräber in Ost und West

Knobloch hat auch über den Zentralfriedhof in Friedrichsfelde geschrieben, wo sich vor der Gedenkstätte der Sozialisten seit 1952 jeweils am zweiten Januarsonntag das SED-Politbüro huldigen ließ. Als Anlass dafür musste der traditionsreiche Marsch der Berliner Linken zu den Gräbern von Rosa Luxemburg und Karl Liebknecht herhalten, deren Gräber sich bis 1935 im hintersten Teil des ausgedehnten Friedhofs befunden hatten. Hier lagen auch einige der 42 Opfer der »Reichstagsunruhen« vom Januar und der 97 Toten von der Niederschlagung des Kapp-Putsches im März 1920. Als im April 1921 der von dem Kriminalwachtmeister (und dreifachen Mörder) Tamschick niedergeschossene Gewerkschafter Wilhelm Sült beigesetzt wurde, hielt der Berliner KPD-Vorsitzende Friesland die Trauerrede. Unter seinem wirklichen Namen Ernst Reuter sollte er noch eine bedeutende Rolle in der Geschichte der Stadt spielen.

Der spätere Bauhausdirektor Mies van der Rohe erbaute 1926 zwischen den Gräbern der im Januar 1919 Gefallenen und Ermordeten ein beeindruckendes Revolutionsdenkmal, das zu den bedeutendsten Zeugnissen expressionistischer Kunst gehörte: ein Monument übereinanderliegender und gegeneinander verschobener Ziegelsteinkuben aus Oldenburger Hartbrandklinkern, gewaltig in seiner minimalistischen Wirkung. Kein Wunder, dass es den Nationalsozialisten trotz der versteckten Lage ein Dorn im Auge war und deshalb im Januar 1935 vollständig abgetragen wurde. Die umliegenden Gräber ebnete man 1941 ein; ein Friedhofsarbeiter rettete etliche Grabplatten, darunter die für Liebknecht und Luxemburg, die heute im Fundus des Deutschen Historischen Museums lagern.

Der Friedhof in der einst weit abgelegenen Sandwüste von Friedrichsfelde diente nach seiner Einweihung 1881 anfangs fast ausschließlich als Armenfriedhof, bevor in seinem vorderen Teil nach und nach auch »Zahlleichen« beigesetzt wurden. Dem Trauerzug Wilhelm Liebknechts, der von der Charlottenburger Kantstraße quer durch die ganze Stadt nach Friedrichsfelde führte, folgten am 12. August 1900 mehr als 150 000 Menschen. In der Nähe von seinem Grab, dem Kreis I oder sogenannten Feldherrenhügel, wurden später weitere führende Sozialdemokraten wie Ignaz Auer und Paul Singer beigesetzt. Als die DDR 1951 auf Vorschlag ihres ersten und einzigen Präsidenten Wilhelm Pieck in der Nähe des Friedhofseingangs die Gedenkstätte der Sozialisten erbaute, wurden auch diese Toten umgebettet und ihre Grabmäler in die Gedenkstätte einbezogen. Die Plätze ringsum waren der SED- und DDR-Prominenz vorbehalten, von Alexander Abusch bis Gerhart Ziller, ZK-Sekretär und Ulbricht-Kritiker, der sich 1957 erschossen hatte.

In Friedrichsfelde ruhen zahlreiche Wissenschaftler, Künstler und Schriftsteller, soweit sie nicht auf dem Ost-Berliner Prominentenfriedhof, dem Dorotheenstädtischen an der Chausseestraße, ihre letzte Ruhestätte gefunden haben. Dort liegt Brecht in seinem Stahlsarg – mit Blick auf seine letzte Wohnstätte – neben seiner »Mutter Courage« Helene Weigel und auch sonst in bester Gesellschaft. Die Philosophen Hegel und Fichte ruhen hier allerdings in ihrer jeweils zweiten Grabstätte – die ersten hatte man 1889 zwecks Verbreiterung der Hannoverschen Straße verkauft.

In West-Berlin befinden sich die Ehrengräber der letzten Jahrzehnte zumeist auf dem Waldfriedhof Zehlendorf. Dort ruht auch ein aus Sachsen gebürtiger Berliner, dessen Stein den Namen Jerry Cotton trägt. Den Stein haben seine Krimi-Kollegen dem Autor Heinz Werner Höber, Verfasser von über 300 Cotton-Heften und -Büchern, gestiftet.

Der multikulturellen Bedeutung der Stadt entsprechend muss erwähnt werden, dass auch Berlins erste Türkengruft – die Gräber von fünf osmanischen Diplomaten an der Urbanstraße – 1866 einer Baumaßnahme weichen musste. Seitdem befinden sie sich auf dem türkischen Begräbnisplatz am heutigen Columbiadamm. Bei der Grablegung des ersten von ihnen, Ali Aziz Effendi, drängten sich im Oktober 1798 mehr als 2000 Berliner um den offenen Sargwagen. Die türkischen Leichenbegleiter warfen nämlich – wie es die Gesetze des Propheten vorschreiben – Münzen als Almosen unter das Volk. Die berittenen Ordnungskräfte hatten Mühe, dem Trauerzug Platz zu verschaffen.

In Tegel befindet sich seit über hundert Jahren ein russisch-orthodoxer Friedhof, der zu allen Zeiten dem Moskauer Patriarchat unterstand. Fünf russische Kriegsgefangene aus dem Ersten Weltkrieg sind auf dem »Selbstmörderfriedhof« mitten im Grunewald begraben, der einst den Selbstmördern, Wasserleichen und Unglücksopfern, aber auch den Forstarbeitern vorbehalten war.

Der Kuriosität halber sei angemerkt, dass sich im Schlosspark Glienicke Pferdegräber befinden, in denen der preußische Prinz Carl um 1850 drei seiner Rennpferde beisetzen ließ. Nach der Jahrhundertwende folgten dort zwei weitere Pferdebestattungen.

Verrufene Orte

Der hinkende Mönch

Sollten Sie so vermessen sein, sich bei Nacht und Nebel als Fußgänger vom Alexanderplatz her Berlins zugigster Kreuzung zwischen Molkenmarkt und Rathaus zu nähern, so könnte Ihnen aus dem gutbeleuchteten Mund des Autotunnels ein klagendes Geräusch auffallen. Wahrscheinlich ist es nur eine verspätete U-Bahn, die unter Ihren Füßen in die Kurve zur Klosterstraße einbiegt – vielleicht aber ist es der hinkende Mönch, dessen Klagen an dieser Stelle einst zu hören gewesen sein sollen. Hier erhoben sich nämlich bis zum Bombardement im Zweiten Weltkrieg und dem nicht weniger vernichtenden Kahlschlag um 1968 die Gebäude des Grauen Klosters, dessen Reste der überbreiten Grunerstraße weichen mussten. Das traditionsreiche Gymnasium war 1958 nach einer harschen Kritik Ulbrichts umbenannt worden und befindet sich seitdem im Westen Berlins.

Das Berlinische Gymnasium zum Grauen Kloster zog nach der Reformation 1574 in das ursprüngliche Franziskanerkloster mit der Klosterkirche ein. Zu jener Zeit soll der hinkende Mönch schon um die 250 Jahre stöhnend in den Kellern zugange gewesen sein. Pater Roderich, so hieß der keineswegs sonderlich Gottesfürchtige, sprach vermutlich einen thüringisch-anhaltinischen Dialekt, denn er stammte von der Saale, an deren hellem Strande bekanntlich allerlei Burgen stehen. Auf einer davon hatte sich der Junker von Bruno – so Roderichs ritterlicher Name – in des Burgvogts Töchterlein verguckt. Wie Rapunzel wohnte sie hoch oben im Turm und warf dem balzenden Ritter nächtlicherweise einen Strick zu, an dem der, wie der Chronist zu berichten weiß, gewandt wie ein Eichhörnchen emporklomm.

Der nächtliche Besuch blieb in doppelter Weise nicht ohne ernste Folgen. Der erzürnte Burgvogt, ein Mann von gewaltiger Kraft, bemerkte den Strick und riss ihn zu Boden, um anschließend wutschnaubend die Turmtreppe emporzupoltern. Da zog es Junker Bruno vor, den Sprung aus dem Fenster zu wagen. Er brach sich den Fuß, konnte aber mit Hilfe eines Freundes von der Burg entfliehen.

Der Vater war zu spät gekommen, und auch dies in doppelter Hinsicht: Bruno war weg und das Mädchen schwanger. Den munteren Knaben namens Bernhard, den sie im Dorf bei einer Amme gebar, schob sie ihrem späteren Ehemann als Pflegekind unter, und als sie später mit einem Mädchen niederkam, das auf den Namen Luise getauft wurde, war das Familienglück ein vollkommenes.

Doch mit des Geschickes Mächten ist bekanntlich kein ewiger Bund zu flechten. Liest sich der Anfang der Geschichte wie ein Schauerroman aus dem 19. Jahrhundert, so kam es bald noch dicker. Die Kinder wuchsen heran und kamen sich näher, als es sich für Bruder und Schwester gemeinhin ziemt. Die Mutter schrie Zeter und Mordio und bestand darauf, Bernhard rechtzeitig Gott geweiht zu haben. Er müsse in ein Kloster gehen und Priester werden.

Das Kloster – wie kann es anders sein – war das Graue in Berlin, zu dessen Insassen eben der gewisse Pater Roderich gehörte, ein verbitterter Hinkefuß und böser Mensch, der überall Zwietracht säte, ja andere Klosterbrüder gar zum Mord anstiftete. So hatten gerade zwei seiner Schäflein auf der Landstraße nach Tempelhof einen anderen Pater des Grauen Klosters ermordet, wofür die Berliner der Einfachheit halber die bis 1312 dort ansässigen Tempelherren verantwortlich machten, einige wegfingen und nach schwerer Marter hinzurichten gedachten.

Nicht alle Berliner stimmten dem zu. Die Einwohnerschaft spaltete sich in zwei Lager: hie Templerorden – da Graues Kloster. Auch innerhalb der Klostermauern schürzte sich der Knoten, denn just als Luise hinter das Geheimnis ihrer leiblichen Geschwisterschaft mit Bernhard gekommen war und es dem Verstörten mitteilte, erfuhr der, wer der Anstifter des Mordes war und sagte es dem bösen Roderich auf den Kopf zu. Dessen Macht war groß genug, den braven Bernhard in den feuchten Klosterkeller zu werfen.

Inzwischen wurden die Templer hingerichtet. Kaum war das geschehen, verkündete einer der wirklichen Missetäter öffentlich, er sei – vom hinkenden Mönch angestiftet – der wahre Mörder. Die ohnehin aufgebrachte Volksmenge stürmte vom Richtplatz zum Kloster. Roderich flüchtete sich in die hinterste Zelle, die –natürlich – Bernhard gehörte, fand und las dort Luises Brief und entdeckte darin seinen eigenen, längst vergessenen Namen. So schnell es sein Gebrechen zuließ, eilte er zum Kellergewölbe, um seinen leiblichen Sohn zu befreien.

Die in das Kloster eingedrungene Menge suchte überall nach dem Hinkenden. Aus der Tiefe eines unterirdischen Verlieses drang indes ein wildes Wehklagen. »Beherzte Männer ließen sich mit Fackeln in die Tiefe hinab und fanden den Hinkenden neben der Leiche eines jungen Mönchs.«

Ans Tageslicht gebracht, legte Roderich ein Geständnis ab und ward von der aufgebrachten Menge sofort erschlagen. Seither hört man aus den Kellergewölben des Nachts öfter ein schauerliches Stöhnen: Der hinkende Mönch beweint seinen toten Sohn.

Die Löwen auf der Parochialkirche

Nur 200 Meter von der schaurigen Stelle entfernt spielt eine andere Berliner Sage, die von den schweigenden Löwen auf dem Turm der Parochialkirche. Diese wurde ab 1695 nach Nehrings Rissen gebaut; 1698 fiel die Kuppel ein. Der immer wieder geänderte, 94 Fuß hohe Turm wurde erst 1713/15 fertiggestellt. In diesen Turm hängte man das Glockenspiel, das Friedrich I. auf den Münzturm wollte setzen lassen und das sein Nachfolger Friedrich Wilhelm I. in Ermangelung eines Turms nun der Kirche schenkte. Der Münzturm, 1701 begonnen und auf 280 Fuß Höhe geplant, hatte sich als ein rechter Unglücksbau erwiesen und wurde nach vielerlei Versuchen, ihn zu erhalten, im Juni 1706 eingestürzt!

Auf der Parochialkirche spielten fortan die Glocken jede Stunde ein Lied, und die an den vier Turmecken sitzenden Bronzelöwen brüllten dazu. Da der Magistrat nicht wollte, dass es noch ein zweites derartiges Kunstwerk in der Welt gebe, der Meister aber angeblich gegen die Absprache ein weiteres plante, ließ man ihm die Augen ausstechen. Da bat der Meister, man möge ihn noch einmal auf den Turm führen, und als er oben in der Glockenstube war, drehte er an einer Schraube. Seit jenem Tag sind die Löwen verstummt und brüllen nicht mehr. Und wie es so geht: Keiner vermochte die lockere Schraube je zu finden.

In Wahrheit war der spendable Kirchenbauherr nicht der Magistrat, sondern ausnahmsweise der preußische König, der großzügig auch das nun einmal vorhandene Glockenspiel spendierte. Es war von außen sichtbar und läutete nach Uhrwerk alle halbe Stunde eine Kirchenmelodie. Bei Bedarf konnte es auch von Hand gespielt werden. Am 1. Januar 1715 erklang es zum ersten Mal, doch ließ der König die Glocken ihres unsauberen Klanges wegen durch ein neues Geläut mit variablen Melodien ersetzen. Das Brüllen der Löwen schloss jedes Spiel ab, obwohl ein gewissenhafter Besucher sie bereits vor 120 Jahren »als ganz flach gearbeitete Schutzeisen für den hölzernen Turm« identifiziert hatte, »die niemals gebrüllt haben können«.

Turm, Glockenspiel und die Löwen fielen dem Krieg zum Opfer. Seit 2016 erklingt das von den Berlinern »Singuhr« getaufte Geläut der restaurierten Kirche wieder.

Die drei Blutstropfen

Ganz ähnlich steht es um den Ort der folgenden Geschichte, die in einem Brauhaus in der Lindenstraße spielt. Der Brauer nahm die hübsche Tochter seines verarmten Lehrherren als Schankmädchen in sein Haus und bedrängte sie. Sie erwehrte sich seiner Angriffe und sprang aus dem Fenster. Dabei hinterließ sie im Hof drei Blutstropfen. Der Brauer beschuldigte sie wütend, ihm Goldstücke gestohlen zu haben, die er selber in ihr Zimmer legte. Die Ärmste wurde zum Tode verurteilt und rief bei der Urteilsverkündung aus: »Die drei Blutstropfen werden für mich zeugen, wenn ich unschuldig sterben muss.«

Sosehr sich der Brauer nach der Hinrichtung auch mühte, es gelang ihm nicht, die blutigen Spuren im Hof zu beseitigen, nicht einmal, als er die Steine herausriss und den Hof neu pflasterte. Am nächsten Morgen entdeckte er eine Horde von Gaffern vor seinem Fenster, und als er hinausblickte, sah er die drei Blutstropfen auf der weißen Wand. Verzweifelt stieg er in der Nacht auf den Fenstersims und versuchte, das Blut aus dem Putz zu kratzen. Als ihn der Nachtwächter anrief, stürzte er vor Schreck hinunter auf das Pflaster und verblutete dort mit zerschmetterten Gliedern. Die Blutstropfen aber verschwanden erst beim Abbruch des Hauses.

Die Jungfernbrücke

Beim Namen der nächsten schaurigen Lokalität erwartet man eher eine heitere Geschichte: die Jungfernbrücke. Berlins älteste und einzige erhaltene Klappbrücke im holländischen Stil wurde um 1689 erbaut und überspannt noch heute den Spreekanal, der auch Schleusengraben oder -kanal und weiter flussaufwärts Kupfergraben heißt. Der Name Jungfernbrücke wird 1748 zuerst genannt und soll von den mit der Nadel wie mit dem Mundwerk fleißigen französischen Demoisellen (Jungfern), den neun Töchtern der Weißnäher-Familie Blanchet, herrühren.

Gegenüber der Jungfernbrücke, an der Friedrichsgracht 61, stand nämlich ein breites zweistöckiges Haus, der »Französische Hof«, in dem viele französische Refugiés wohnten, darunter auch die Demoisellen, die wundervolle Spitzen in Nadelarbeit herstellten. Sie erbaten von den Behörden die Genehmigung, eine Verkaufsbude an der Brücke aufzustellen, die deshalb bald die Jungfernbrücke hieß.

Es sind aber auch andere Versionen für die Namensgebung der Brücke im Umlauf. Im »Französischen Hof« wohnte einst ein alter blinder Mann vom Typ seniler Bettflüchter, der nachts gerne aus dem Fenster auf das Geplätscher des Wassers horchte. Eines Nachts hörte er die raue Stimme eines Mannes und die flehende eines Mädchens. »So fahr denn zur Hölle!«, blökte der Unhold. Dann vernahm der Blinde einen Schrei, einen Aufschlag im Wasser und sich eilends entfernende Schritte. Nachdem die Tote am nächsten Morgen gefunden worden war, beschuldigte man ihren Verlobten des Mordes und schleppte ihn vor Gericht. Der Blinde jedoch erkannte die Stimme des wahren Mörders der Jungfer, des Mannes nämlich, der den Verlobten beschuldigt hatte.

Noch genauer will es eine dritte Fassung der Geschichte wissen. Danach lebte im »Französischen Hof« einst fromm und gottesfürchtig ein alter, reicher Junggeselle namens Caspar Balthasar mit seiner Haushälterin Beate. Als der französische Goldschmied Renaud mit seinen liebreizenden Töchtern Louise und Eugenie in das Haus zog, verdrehten die beiden lockeren Vögel dem Alten bald den Kopf. Louise indes liebte den Goldschmiedegesellen Gustav. Eines Nachts kamen sie im Streit miteinander nach Hause, und Gustav ließ das Mädchen alleine gehen. Der alte Balthasar lauerte ihr auf und machte Anträge, die sie empört zurückwies. Voller Wut erdrosselte sie der Alte und warf die Leiche in die Spree. Ein Blinder (siehe oben) hörte das Geräusch und fragte in die Dunkelheit, was es verursacht habe. Da sagte der Mörder: »Ach, ein Mauerstein hat sich beim Regen vom Dach gelöst und ist ins Wasser gefallen.«

Vor Gericht fiel der Verdacht natürlich auf Gustav, der zum Tode verurteilt wurde. Noch einmal wurden die Nachbarn vernommen, darunter auch Balthasar. Der sagte: »Was ich von dem jungen Mann weiß, beschränkt sich darauf...« – »...dass nicht er der Mörder ist, sondern du es bist!«, kam die Stimme des Blinden aus dem Hintergrund. So wurde Balthasar zum Tode verurteilt, und der Goldschmied war gerettet. Seither trägt die Brücke ihren Namen.

Die Geschichte klingt wahrhaftig schön und schaurig, und sie wäre noch schöner, fände man sie nicht bereits in ähnlicher Form unter dem Titel »Der blinde Zeuge« in den »Wahrhaften Geschichten des alten Pitaval« aus Frankreich. Selbst mit den Demoisellen Blanchet ist es leider nichts – eine Familie dieses Namens gab es unter den zugewanderten Hugenotten in Berlin gar nicht.

Vielleicht ist ja die wirkliche Erklärung auch in diesem Fall weit weniger romantisch, und die Brücke wurde nach dem Frauenhaus in der Spreegasse benannt, der später durch Wilhelm Raabe so bekannten Sperlingsgasse. Wie der Chronist vorsichtshalber anmerkt: »Nischt jenauet weeß man nich ...« Die echte Goldelse jedenfalls – nicht die auf der Siegessäule – betrieb hier noch bis in die 1960er Jahre ihre einzigartige Raabe-Diele, bevor der Name ungerechtfertigt auf einen Nobelkeller am Märkischen Ufer überging.

Schloss Köpenick, Spukhäuschen und Spukvilla

Zu den verrufenen Orten muss man gerechterweise auch das Schloss Köpenick zählen, wo schon Joachim Nestor mit dem Spruch an der Kammertür geängstigt worden war und der Schiefe Fritz sich als Kronprinz von seiner bösen Stiefmutter entfernt gehalten hatte. Im Schloss, seit langem ein Kunstgewerbemuseum, in dem auch Schätze aus dem einstigen Stadtschloss zu bewundern sind, tagte Ende Oktober 1730 das Kriegsgericht gegen den Kronprinzen Friedrich und seinen Freund, den Leutnant Katte, sowie den Pagen Keith wegen versuchter Preußenflucht. Keith entkam nach England, gegen den späteren König Friedrich II. wollten die Richter kein Urteil sprechen. Katte hingegen verurteilten sie zu lebenslanger Haft. Der cholerische Soldatenkönig verschärfte das Urteil und ließ Katte in Küstrin vor den Augen des Kronprinzen hinrichten. Das Nähere ist bei Fontane nachzulesen.

Im Hof der Albrechtstraße 10 in Berlin stand ein kleiner altertümlicher Pavillon, von dem die Sage ging, er stamme aus dem 15. Jahrhundert. Zur Zeit König Friedrichs I. hatte sein Premierminister Graf Kolbe von Wartenberg sich inmitten der Wiesen, durch die sich die Panke zur Spree schlängelte, einen französischen Garten mit Grotten, Terrassen, Pavillons und Götterstandbildern anlegen lassen. Hierher soll der König gekommen sein, um sich mit seiner angeblichen Mätresse, der Gräfin von Wartenberg, zu treffen. Das ist höchst unwahrscheinlich, wie fast alle Geschichten um die rheinische Frohnatur Katharina Rickers, angeblich die ungebildete Tochter eines besseren Bordellwirts. In Wahrheit war der Vater ein höchst ehrbarer kurfürstlich-brandenburgischer Zollinspektor und sittenstrenger Kirchenältester.

In Berlin wurden damals spiritistische Sitzungen modern, und nicht nur der Goldmacher Dominico Caetano verstand es, daraus bei dem leichtgläubigen Monarchen Kapital zu schlagen. Hartnäckig hielt sich deshalb das Gerücht, in dem Pavillon, in dem angeblich die erste spiritistische Sitzung stattgefunden habe, sei es nicht geheuer.

Ebenso hieß das Belvedere im Charlottenburger Schlossgarten bei den Berlinern die Spukvilla. Hier ließ sich König Friedrich Wilhelm II., der ganz im Bann von Eros, Spiritismus und Geheimorden stand, etwas vorgaukeln. Die Geister von Marc Aurel, des Großen Kurfürsten und des großen Gelehrten Leibniz traten auf und warfen ihm seinen lasterhaften Lebenswandel vor. Entsetzt soll der König in die Arme seiner langjährigen Hauptgeliebten geflohen sein, der Trompeterstochter Wilhelmine Encke, genannt die »preußische Pompadour« und von ihm zur Gräfin Lichtenau erhoben, und das Belvedere nie wieder betreten haben.

Der Dustere Keller

Ein eher volkstümlicher verrufener Ort war dagegen der Dustere Keller, eine Schlucht oder Kehle, wie man in der Märkischen Schweiz sagt, zwischen zwei der Cöllnischen Weinberge gelegen und mit einem Erdkeller zur Weinaufbewahrung. Noch heute wird in dieser Gegend am nahen Kreuzberg Wein angebaut, den man in einem Buch über das schaurige Berlin nicht unerwähnt lassen sollte. Zur Zeit des Soldatenkönigs hat hier der ehemalige Hofbedienstete Sartorius (Schneider) als Eremit gehaust, Psalmen gesungen und gebetet. Friedrich Wilhelm höchstselbst soll ihn besucht und ihm einen Gulden angeboten haben. Der Klausner aber nahm angeblich nur Kupfergeld.

Jedenfalls war der Dustere Keller an der heutigen Arndt-, Ecke Nostizstraße – eine Gegend, in der sich geflohene Soldaten versteckten. Ganz in der Nähe (heute Mehringdamm, Ecke Fidicinstraße) befand sich der Alarmkanonenberg, wo ein Schuss ausgelöst wurde, wenn wieder einmal ein Soldat entflohen war.

Später wurde im Dusteren Keller eine Tabagie eingerichtet, wo die Berliner ungehindert rauchen durften, was bis 1848 auf den Straßen verboten war. Dort weilte im Jahre 1786 der Graf Mirabeau, der Material für seine Bücher über Friedrich den Großen sammelte. Die Tabagie war 1810 Treffpunkt der patriotisch gesinnten Männer um den Turnvater Jahn, einen echten Franzosenfresser vom schlimmsten deutschen Schrot und Korn. Er und die Seinen gründeten hier den gegen die Napoleonische Fremdherrschaft gerichteten Deutschen Bund. Unsportlichen Naturen mag das entsprechende Denkmal am einstigen Turnplatz in der Hasenheide schaurig genug erscheinen.

Später war der Dustere Keller nichts anderes als eine der zahllosen Weißbierkneipen. In den Gründerjahren wurde das Gelände planiert und bebaut. Obwohl die Schluchten und Erdhöhlen längst verschwunden sind, handelt es sich noch immer um eine reizvolle Ecke in Berlin. Eine Kneipe in der Bergmannstraße hieß noch nach 1945 »Der Dustere Keller«.

Das geschminkte Laster

Im frühen 19. Jahrhundert erstreckte sich Berlins Verbrecherviertel in der Dorotheenstadt bis weit in die südliche Friedrichstadt. Die »Lederne Flinte« in der Jerusalemer Straße galt als die weitaus übelste Spelunke. Eine andere war die Verbrecherbörse »Silberladen« in der Königstraße mit ihrem Boost oder Baas, dem Wirt, der Tippgeber, Hehler und Kuppelvater in einem war.

Hier, in der düsteren Gegend um den Alexanderplatz, befanden sich die berüchtigten Berliner Kaffeeklappen und Nachtkonditoreien. »Hinter der Königsmauer« hieß eine der Gassen, die sich wie eine steinerne Schlange zwischen der Königstraße (heute Rathausstraße) und der Spandauer Brücke wand und mit ihren verfallenen kleinen Häusern und Spelunken als »Sitz des geschminkten Lasters« galt. Das verzog sich später in die Mulackstraße, in die Gegend um den Schlesischen Bahnhof (heute Ostbahnhof) und in das Stettiner oder Bordellviertel auf dem Gelände der ehemaligen Borsigwerke, der in den Straßen mit den Namen Schlegel, Tieck und Eichendorff wohnenden Studenten wegen auch Quartier Latin genannt. Die Schwerverbrecher trafen sich dort in der »Blutigen Träne«.

Kriminalkommissar Ernst Engelbrecht, genannt »Blitz«, bis 1921 Chef der Berliner Sittenpolizei und danach Leiter der Streif- und Fahndungsmannschaft, kann als zuverlässige Quelle für Berlins umfangreiche Verbrecherquartiere gelten, »unter denen die Gegend um den Schlesischen Bahnhof herum und die Gegend des Scheunenviertels, bis tief in den nördlichen Teil der Friedrichstraße hinein, wohl die größten und gefährlichsten sind ... Durch die Münz-, Grenadier-, Dragoner-, Mulack- und Schönhauser Straße zieht schon von den Vormittagsstunden an allerlei Gesindel und bevölkert die zahlreichen Kaschemmen« – die da »Münzhof«, »Münzglocke«, »Münzklause«, »Alexanderquelle«, »Martins Hackepeter«, »Guter Happen« oder »Café Dalles« hießen. In »Hundejustavs Kellerkaschemme« verkehrten Schlächter-Richard, Dollbrägen-Hermann, Leichen-Robert und Mücken-Paul, dazu Juden-Else, die japanische Erna und Margot mit der kalten Hand ...

Aus dem Hauptquartier der Ganoven, dem »Café Dalles«, wurde später ein Kino und nach der Wende zeitweilig ein Edelitaliener.

Das Berliner Leichenschauhaus

Nur zwei Steinwürfe vom alten Poetenviertel, wo heute in den Fabrikgebäuden der Hinterhöfe Werbeagenturen und angesagte Designer siedeln, in der Hannoverschen Straße, befand sich ein weiterer schauriger Ort, das Berliner Leichenschauhaus. Ursprünglich lag es auf dem Gelände des Koppenschen Armenhauses, wo die Große Hamburger Straße die Auguststraße durchschneidet (heute Koppenplatz). Dort erhob sich ein unansehnliches einstöckiges Haus (»das Türmchen«) für zwei Dutzend alte Weiber unter Aufsicht des Armentotengräbers. Auf dem Hof hinter dem Haus befand sich das Grabgewölbe der Familie Koppen. In dem Tonnengewölbe mit Salzen an den Wänden und schwüler, dumpfer Luft standen zwölf Särge mit Mumien. Hinter dem Hof lag ein wüster Platz, der 1840 geschlossene Armenfriedhof mit dem eigentlichen Türmchen, dem kleinen, einstöckigen, verwitterten Obduktionshaus, das einen unheimlichen Eindruck machte. Dorthin gelangten zwischen 1810 und 1840 mit dem von zwei Bettelvögten gezogenen sogenannten Nasenquetscher alle Leichen der Selbstmörder, in den Straßen und in der Spree Verunglückten und Ermordeten. Die drei hölzernen Pritschen in der Totenkammer, wohin man auch die mutmaßlichen Mörder brachte, um sie zu einem Geständnis zu bewegen, waren meist mit halbverwesten Leichen belegt.

1832 beantragte der Berliner Stadtphysikus die Einrichtung eines akademischen Instituts nach Vorbild der Pariser Morgue zur Aufbewahrung und Ausstellung Verunglückter und Selbstmörder »behufs Feststellung ihrer Persönlichkeit und zum Zwecke der gerichtlichen Untersuchung«. Diese erste Berliner Morgue im Hof des Charité-Krankenhauses auf dem

Gelände des ehemaligen Charité-Friedhofs an der Hannover-schen Straße war nach zeitgenössischen Schilderungen ein schmutziger, finsterer und nicht ventilierter Keller, in dem man bekannte und unbekannte Leichen gemeinsam ausstell-te. Die Kleidungsstücke der Toten hingen auf Leinen daneben. Nach wohlwollenderen Angaben war der Vorgängerbau des heutigen Gebäudes jedoch ein einstöckiges »Landhaus im eleganten Stil zwischen dichten Taxushecken, Rosen und Akazien«. Der große Virchow war hier Prosektor, bis er we-gen seiner politischen Haltung gemaßregelt wurde. Auf seine beharrliche Forderung hin wurde der Bau aufgestockt und mit Ecktürmen und Eiskeller versehen. Gustav Rasch berichtet von der großen Reinlichkeit in den Räumen.

In den Jahren 1884–1886 wurde für 360 000 Reichsmark endlich ein Neubau mit hochmoderner Kühlanlage und Schautrakt errichtet; es gab sieben Ausstellungsräume und einen verglasten Korridor für das schaulustige Publikum. Bis 1930 wurden hier täglich die unbekannten Leichen je drei Wochen lang vorgeführt. Das Haus hatte nie über Besucher-mangel zu klagen.

In der DDR war das alte Leichenschauhaus die langjäh-rige Wirkungsstätte des anerkannten Gerichtsmediziners Dr. Otto Prokop, der es trotz (oder wegen?) seines makabren Untersuchungsgegenstandes zu einiger Popularität brachte. Seine Schüler veröffentlichten Bücher, in denen die inter-essantesten Fälle aus dem 20. Jahrhundert dargestellt sind. Viele der Opfer von Katastrophen und politischen Verbre-chen sind hier genannt.

Die heutige forensische Medizin gibt sich übrigens zurück-haltender als in alten Zeiten (und als die zahllosen TV-Serien vermuten lassen). Gegenwärtig befindet sich das Landesinstitut für gerichtliche und soziale Medizin auf dem Gelände des ehemaligen Krankenhauses Moabit in der Turmstraße – um die Ecke von Kurt Tucholskys Geburtshaus.

Gefährlich und verrufen

Wie erwähnt, galten im Berlin der Kaiserzeit und der Weimarer Republik ganze Stadtviertel Berlins als verrufen, und das nicht einmal zu Unrecht. Davon ist nach den Flächenbombardements des Krieges und dem nicht weniger zerstörerischen Abriss und Neubau wenig geblieben. Das halbe Dutzend Altbauten um den einstigen Schlesischen Bahnhof lässt kaum etwas von dem Flair der ehemaligen Verbrechergegend spüren, und weiter westlich, in Richtung Alexanderplatz, sieht es noch langweiliger aus. Die Gegend um Münzstraße und die Neue Schönhauser Straße, heute großzügig zum fast vollständig verschwundenen Scheunenviertel gerechnet, bietet nichts Verrufenes, eher Modisches. Und im alten Bordellviertel um die Eichendorffstraße trifft man eher Designer und Werbeleute als Bordsteinschwalben. Immerhin stehen hier noch etliche der alten Gebäude und Straßenzüge – ein selten gewordenes Bild in Berlin.

Dass die »geile Meile« Oranienburger verrufen wäre, lässt sich kaum behaupten; da hatten es die Potse – die Potsdamer Straße südlich des Landwehrkanals – und der Stutti – der Stuttgarter Platz am Bahnhof Charlottenburg – zu entschieden schlechterem Ruf gebracht. Aber auch der scheint dahin zu sein. Nicht erst seit der vollständigen Aufhebung des Bordellverbots finden sich einschlägige Etablissements in allen Teilen der Stadt. Der Ost-Berliner Kultautor Thomas Brussig

hat in Selbstversuchen ausprobiert, wie schaurig es dort zugeht.

Die Polizei jedenfalls warnt eher vor gefährlichen als vor
verrufenen Orten und nennt das nördliche Neukölln, den
Soldiner Kiez in Wedding, den Alexanderplatz und den Kotti,
das Kottbusser Tor. Dort waren noch nie die feinsten Leute zu
Hause. Es wird vor Kriminalität und Drogenhandel gewarnt,
der jedoch in allen Teilen der Stadt blüht, besonders auf der
U-Bahn-Linie 8 und im Görlitzer Park.

Schaurig waren allemal Berlins Geisterbahnhöfe, 1961 bis
1990 mitten in der Innenstadt gelegen, schlecht beleuchtet
und dennoch scharf bewacht. Selbst der Alex hatte einen
solchen Nicht-Bahnhof zu bieten, denn die West-U-Bahn
durchfuhr hier zwischen Heinrich-Heine-Straße und Bernauer Straße das Ost-Berliner Territorium ohne Halt. Nach
und nach verbaute man die Zugänge zu den Stationen im
Osten, und so verriet beispielsweise in der Friedrichstraße
nur von Zeit zu Zeit ein unterirdisches Grollen das Vorhan-
densein einer anderen Welt. Wer wusste schon, dass es in der
Oranienburger Straße und Unter den Linden einmal unterirdische S-Bahnhöfe gegeben hatte?

Immerhin durften die West-Berliner am Bahnhof Friedrichstraße umsteigen und im Intershop einkaufen, bevor sie
sich wieder auf die Gruselstrecke machten. Eines Nachts im
Sommer 1988 setzten KGB und Stasi sogar eine Tote in einen
leeren U-Bahn-Wagen: Die Aktion war angeblich zum Schutz
einer hochkarätigen Quelle in der US-Mission notwendig.

Die U-Bahn-Station Schwartzkopffstraße trug von 1951
bis 1973 den Namen Walter-Ulbricht-Stadion. Nachdem
der große (Sportler und) Gelehrte WU vom nachfolgenden
Dachdeckergehilfen Honecker entthront worden war, ließ der

die Sportstätte im Hinblick auf die nahenden Weltfestspiele in Stadion der Weltjugend umtaufen. Es klingt unglaubwürdig – aber tatsächlich wurden selbst auf dem unterirdischen Geisterbahnhof die Schilder ausgetauscht! Ulbricht überlebte den ihm angetanen Tort nur um wenige Monate und starb noch während der Weltfestspiele. Das Stadion wurde abgeräumt. In einem Prachtbau zeitgenössischer Berliner Schuhkarton-mit-Schießscharten-Architektur residiert dort nach der üblichen Bauverzögerung der Bundesnachrichtendienst.

Ein Beispiel besonderer Schaurigkeit bot jahrzehntelang Berlins ältestes Verkehrsdenkmal, der einstige S-Bahnhof Ostkreuz. Seit 1936 bestanden Pläne zum Umbau des voll genutzten Museumsterritoriums »Rostkreuz«, obwohl das fragile Gesamtbauwerk mit der Zeit einige Bahnsteige und Bauteile einbüßte und nach Expertenmeinung nur noch aus Gewohnheit hielt.

Inzwischen überwölbt eine gewaltige neue Bahnhofshalle den ehemaligen Bahnsteig F (wie Vollring), und bis Ende 2018 ist die Vollendung des Umbaus angekündigt.

Ganz und gar kein schauriger Ort ist die Insel Schwanenwerder im Großen Wannsee, die trotz ihrer idyllischen Lage zeitweise in erheblichem Verruf stand. Der ehemalige Sandwerder, 1882 von einem erfolgreichen Lampenfabrikanten erworben und parzelliert, war Anfang des 20. Jahrhunderts von Industriellen und Bankdirektoren bewohnt und avancierte in den zwanziger Jahren zum Landsitz windiger Bankiers und Schieber: Max Klante, Parvus-Helphand, Julius Barmat und Iwan Kutisker hatten dort ihre Villen. Nach 1933 stieg die Insel als »Bonzenwerder« zu unrühmlichen Ehren auf. Goebbels wohnte hier und unweit von ihm seine Favoritin Lida Barova. Seine unmittelbare Nachbarin, die Reichsfrauenführerin

Scholtz-Klink, richtete (in der für Hitler vorgesehenen Villa) passenderweise eine Reichsbräuteschule ein. In das Haus des jüdischen Bankdirektors Solmssen zog Dr. Theo Morell ein, der als Erfinder eines wirkungslosen Läusepulvers zu einigem Wohlstand gelangt war, den er als Hitlers Leibarzt zu mehren verstand.

Nach fast vollständiger Kriegszerstörung und eiligem Abriss ist Schwanenwerder heute wieder eine Nobeladresse.

Aus gutem Hause

Die Giftmörderin Ursinus

Mord und Totschlag gehörten von alters her zum Berliner Leben und können keineswegs als Privileg einer sozialen Unterschicht angesehen werden. Von Rechts wegen zu »lebenswieriger Einsperrung auf eine Festung« wurde beispielsweise im September 1803 die Witwe des wirklichen Geheimrats Theodor Ursinus verurteilt, fand aber auf der Festung Glatz für die nächsten dreißig Jahre wesentlich komfortablere Bedingungen vor als etwa die geistig verwirrte »Hexe« Dorothea Steffin in Spandau.

Dabei hatte die Giftmörderin Charlotte Elisabeth Ursinus vermutlich mindestens drei Menschen auf dem Gewissen, war allerdings vom Kriminalsenat des Kammergerichts nur des Mordes an ihrer Tante und des wiederholten Versuchs der Vergiftung ihres Bediensteten Benjamin Klein überführt worden. Von der Vergiftung ihres mehr als 25 Jahre älteren Ehemanns, dessen mumifizierte Leiche alle Anzeichen einer Arsenvergiftung aufwies, und der ihres holländischen Liebhabers Ragay sprach man sie frei.

In ihrem Testament bedachte die Mörderin den Hauswart der Berliner Hausvogtei aus Dankbarkeit für die gute Behandlung mit 500 Talern und ließ weitere 500 Taler dem Verein für die Besserung von Strafgefangenen in den östlichen Provinzen zukommen.

Das Voigtland und der Kinderschänder Kranzler

Eine besonders schaurige Gegend erstreckte sich im 19. Jahrhundert außerhalb der Stadtmauer zwischen Schönhauser und Rosenthaler Tor. Die Häuser im sogenannten Voigtland – benannt nach der Herkunft der Fabrikarbeiter, die hier wohnten – lagen oft unter dem Straßenniveau, die stinkenden Gräben waren mit Geländern geschützt. Besonders düstere Familienhäuser, 1820–24 gebaut, standen in der Gartenstraße 92–94. Hier wohnten im Jahre 1827 unter unbeschreiblichen Bedingungen 496 Familien mit insgesamt 2197 Köpfen.

Wie groß die Kluft zwischen diesen Ärmsten der Armen und den wohlhabenden Bürgern der Stadt war, ist heute kaum noch vorstellbar. Der Konditormeister Johann Georg Kranzler, 1795 in Österreich geboren, erwarb 1825 für 25 Reichstaler das Berliner Bürgerrecht und gründete an der Friedrich-, Ecke Behrenstraße seine berühmte Konditorei, die sich ab 1834 mit ihrer Rampe (Terrasse) Unter den Linden befand. Im »Walhalla der Berliner Gardeleutnants«, dessen Innenausstattung von August Stüler stammte, verkehrte die bessere Berliner Gesellschaft. Der Herr Konditormeister, der »dem hohen Adel und werthen Bürgerpublikum Bedienung von zarter Hand« versprach, kannte aber noch andere Vorlieben. Aus den berüchtigten Familienhäusern des Voigt- oder Feuerlandes ließ er sich minderjährige Mädchen um die zwölf Jahre zuführen, von denen er um 1835 acht missbraucht, aber auch misshandelt haben soll. Als die Sache aufkam und die betroffenen Eltern und die zuständige Armenkommission über die Armendirektion Anzeige erstatteten, zahlte Kranzler je zehn Taler Schweigegeld, in einem Fall auch 200. Während die unverehelichte Wilhelmine Caroline Hagemann, die ihre eigene Tochter sowie sieben weitere minderjährige Mädchen dem Konditormeister gegen Kuppellohn zugeführt, wegen Kuppelei zur Untersuchung gezogen und »zu neun monatlicher Strafarbeit verurteilt« wurde, blieben im Fall Kranzler nur noch zwei Kläger übrig. Im April 1836 hieß es schließlich, »daß der Konditor Johann Georg Kranzler von der Anschuldigung der Nothzucht und Verführung unschuldiger Frauenspersonen durch Arglist oder betrügliche Kunstgriffe völlig freigesprochen, jedoch in die Kosten der Untersuchung verurtheilt worden ist und wegen dieses Punktes des Erkenntnißes das Rechtsmittel der weiteren Verteidigung ergriffen hat«.

Kranzler wurde 1852 zum Hofkonditor ernannt und starb 1866 hochgeehrt.

Mordfall Millionen-Schultzin

Als Beispiel für die Kriminalität des ausklingenden 19. Jahrhunderts sei der Doppelmord an Auguste und Klara Schultze angeführt, der sogenannten Gips-Schultzin und ihrer Stieftochter. Die Witwe eines auch Millionen-Schultze genannten Gipsfabrikanten besaß in Berlin mehrere Häuser. In einem davon, Königgrätzer Straße 35, Ecke Bernburger Straße, lebten die beiden Frauen in vorgetäuschter Armut. Am 1. Juli 1897 mietete der Schuhmacher Joseph Gönczi in diesem Haus den Eckladen. Sechs Wochen später, am 14. August, ermordete er die beiden Frauen bestialisch durch Beilhiebe, durchsuchte die Wohnung, nahm Wertpapiere und Schmuck an sich und erzählte überall, die Frauen wären nach Paris gereist. Die Leichen lagen in Kisten unter eigens angeliefertem Sand im Keller unter dem Laden. Als die Polizei sie am 23. August fand, war Gönczi mit Frau und gelblich grauem Wolfsspitz Butzi längst per D-Zug auf Umwegen nach Brüssel getürmt, wo sich seine Spur verlor.

Gönczi, 1852 in Siebenbürgen geboren, war bereits 1880 in Wien zu vier Jahren Zuchthaus verurteilt worden. Er kam 1892 nach Berlin und wohnte hier mit seiner »stark abgemagerten Frau mit Kropfhals« und einer angeblichen »Stieftochter« in der Mühlenstraße 4.

Die Beisetzung der Ermordeten fand am 26. August auf dem Friedhof der Domgemeinde in der Liesenstraße statt, um den sich eine vieltausendköpfige Menge drängte. Zwei Jahre später, im September 1899, erreichte das Berliner Polizeipräsidium ein Telegramm des Konsuls Vever aus Rio de Janeiro, Gönczi und Frau wären ergriffen worden, nachdem jemand den Hund (!) erkannt und beim Namen gerufen hatte. Das Ehepaar wurde im November ausgeliefert und in das Untersuchungsgefängnis Moabit eingeliefert. Am 3. April 1900 begann die Hauptverhandlung vor dem Schwurgericht. Gönczi bestritt jede Schuld und behauptete mit ungeheurer Beredsamkeit, ein gewisser Weinhändler Leo Lövy hätte intime Beziehungen zu Klara Schultze unterhalten. Lövy habe die Frauen ermordet. Außerdem belastete Gönczi den Gastwirt Hinz als angeblichen Zeugen und schließlich sogar als Täter. Er blieb bis zum Schluss bei seinen abstrusen Anschuldigungen. Das Gericht verurteilte ihn zum Tode. Am 7. Dezember 1900 morgens wurde er im Hof des Strafgefängnisses Plötzensee hingerichtet.

Kindermord

Der nächste Fall, der das Gemüt der Berliner tief bewegte, führt zurück in die Gegend, aus der Kranzlers Opfer stammten. Im nördlichen Teil der Ackerstraße hatte 1873/74 Jaques Meyer, sozial engagierter Samtproduzent aus der Köpenicker Straße, als Ersatz für Baracken den berühmt-berüchtigten Meyers Hof errichten lassen. Auf einem 40 mal 150 Meter großen Areal standen sechs fünfgeschossige Häuser von zwölf Metern Tiefe, mit zehn Meter breiten Höfen dazwischen und einer abschließenden Remise für die Wasserversorgung und zwölf Badzellen – insgesamt 300 Wohnungen für etwa 2000 Bewohner.

Diese selbst für Berliner Verhältnisse überdimensionale und schaurige Mietskaserne befand sich in der Ackerstraße 132–133. Zwei Häuser weiter, in der Ackerstraße 130, lebte die Familie des Zigarrenmachers Friedrich Berlin mit zwei Söhnen und der neunjährigen Tochter Lucie unter ähnlich katastrophalen Wohnbedingungen. In den Mittagsstunden des 9. Juni 1904 verschwand Lucie plötzlich spurlos. Zwei Tage später schwamm in der Spree an der Weidendammer Brücke ein unförmiges Paket mit brauner Umhüllung, das den Rumpf eines Mädchens ohne Kopf und Gliedmaßen enthielt. Lucies Vater erkannte die Leiche an einer Narbe unterhalb der linken Brust. Später wurden auch Kopf und Arme des Mädchens aus dem Wasser geborgen. Das Kind war nach einem Sexualverbrechen erwürgt worden. Eine Plakataktion und eine besondere Kommission der Kriminalpolizei sollten helfen, den Fall aufzuklären. Bei den umfangreichen Vernehmungen im Haus stießen die Kriminalbeamten unter anderem auf die »Sittendirne« Liebetruth, die allerdings erst nach dem Mord an Lucie aus der Haft in der Barnimstraße entlassen worden war. Dafür geriet ihr Zuhälter, der Altwarenhändler Theodor Berger, unter Verdacht, während der höchstverdächtige Lenz ein windiges Alibi nachweisen konnte. Als schließlich ein Korb mit angeblichen Blutspuren aus dem Besitz der Liebetruth aus der Spree gefischt wurde, schienen die keineswegs eindeutigen Indizien gegen Berger ausreichend für eine Anklage wegen Mordes und Notzucht. Von den Geschworenen für schuldig befunden, verurteilte man ihn zu 15 Jahren Zuchthaus, zehn Jahren Ehrverlust und anschließender Polizeiaufsicht. Berger, der die Tat stets vehement bestritt, saß seine Strafe in voller Länge ab. In der Literatur zweifelt man noch heute an seiner Täterschaft.

Vier Jahre später wurden an der Charlottenburger Brücke wieder Leichenteile gefunden – die eines etwa 14-jährigen Jungen, wie die Gerichtsmediziner herausfanden. Diesmal setzte Polizeipräsident von Stubenrauch sofort eine Belohnung von 3000 Mark für Privatpersonen aus, »welche Angaben machen können, die zur Ermittlung des Täters und zur Feststellung der Persönlichkeit der Leiche führen«.

Zwei junge Tagelöhner aus Moabit verdienten sich die ersten hundert Mark der Belohnung, als sie die Beamten zu einem verdächtigen Paket im Faulen Graben führten. Es enthielt tatsächlich weitere Körperteile des grausig zerstückelten Opfers.

Im Hof des Polizeipräsidiums, wo man die Paketumhüllungen und weitere Fundstücke ausstellte, und im Leichenschauhaus herrschte großer Andrang. In einer Großstadt wie Berlin verschwinden eine Menge 14-Jährige. Erst nach Tagen stellte sich heraus, dass es sich bei dem Toten um den jüdischen Schneiderlehrling Hermann Pejser Blecher aus dem

Scheunenviertel handelte, der seinem Lehrherren aus der Steinstraße entlaufen war.

Diesmal leistete die Kriminalpolizei ganze Arbeit. Sie fand heraus, wo der Strichjunge Blecher die letzte Nacht seines Lebens verbracht hatte: in Hoffmanns Bouillonkeller in der Alexanderstraße 63. Er war dort kein Unbekannter, traf hier gelegentlich Freier und ließ sich von ihnen bewirten. So auch in dieser Nacht.

Vom Bouillonkeller – einer von vielen Kellerkaschemmen ohne Ausschankerlaubnis – führte die Spur mit Hilfe eines Kellners und des »Kontrollmädchens« Sachsenbertha zu einer Wohnung in der Lietzmannstraße. Der Kellner Kukenberg und Sachsenbertha waren es denn auch, die den Wohnungsinhaber August Heider am Ostersonntag identifizierten. Da kam er gerade von einer Unglücksstätte zurück, an der sich auch der Polizeipräsident und sogar der Kronprinz aufgehalten hatten: In der Neuen Friedrichstraße war die Garnisonkirche bis auf die Grundmauern abgebrannt.

Heider leugnete lange und bequemte sich schließlich zur höchst unglaubwürdigen Schilderung eines »Unglücksfalls«. Und obwohl er bereits zehn Jahre zuvor in Osnabrück wegen eines ähnlich scheußlichen Delikts vor den Geschworenen gestanden hatte (und mangels Beweisen freigesprochen wurde), gelang es dem Gericht sieben Wochen später nicht, ihm den Mord nachzuweisen.

Die Geschworenen erkannten auf »Totschlag ohne mildernde Umstände« und verurteilten ihn zu zehn Jahren Zuchthaus und zehn Jahren Ehrverlust.

In den Jahren nach dem Ersten Weltkrieg erschütterte eine Reihe von Massenmorden Deutschland. In Hannover wurde Fritz Haarmann gestellt, in Schlesien das Scheusal Denke.

Natürlich blieb auch Berlin nicht frei von diesem »Trend«. Oder waren solche Verbrechensserien vorher nur nicht aufgefallen? 1918, gegen Ende des Krieges, trieb im Berliner Zentrum der Geldbriefträgermörder Blume sein Unwesen, den man erst drei Jahre später in Dresden dingfest machte. Dass er einen der Geldboten sogar im Hotel Adlon umgebracht hatte, galt als besonders frevelhaft.

Der sechsfache Mörder Schumann aus Spandau wurde 1921 hingerichtet. Seinem Verteidiger gegenüber hatte er über 25 Morde gestanden – eine Zahl, an die auch Carl Grossmann heranreichte, die »Bestie vom Schlesischen Bahnhof«. Nachdem man bereits mehrfach Leichenteile weiblicher Personen aus dem Luisenstädtischen Kanal geborgen hatte, fielen den Nachbarn unheimliche Geräusche auf, die aus Grossmanns verwahrloster Wohnung in der Langen Straße, direkt am Schlesischen Bahnhof, drangen. Die Polizei fand Grossmann und sein wahrscheinlich 24. Opfer, das er gerade bestialisch ermordet hatte. Dass der Täter am Schlesischen Bahnhof ausgerechnet mit Würstchen gehandelt hatte, erschreckte die Öffentlichkeit zusätzlich.

In jenen Jahren um 1921 suchte auch die siebenfache Männermörderin Rosa Genschow sich ihre Opfer, und zwar vorzugsweise in den zahlreichen Likörstuben des Wettkönigs Klante. Rosa Genschow versprach ihren Bekanntschaften die Freuden der Liebe und ließ sich von ihnen nach Hause begleiten, wo sie ihnen ein schnell wirkendes Gift verabreichte und sie ausraubte. Es stellte sich heraus, dass sie auch im Transvestitenlokal »Mikado« in der Puttkamerstraße verkehrt hatte, wo auch die Mörderinnen Erika Nebbe und Amalie Klein verhaftet wurden, die den Ehemann Nebbe vergiftet hatten.

Die Lex Götze

Im November 1934 erfolgte die erste Anzeige: Am Kleinen Stern im Grunewald war ein Liebespaar überfallen und ausgeraubt worden. In der Folgezeit mehrten sich solche Vorfälle an dem offensichtlich als Ort geheimer Schäferstündchen beliebten Postweg, wobei die Dunkelziffer vermutlich hoch war, legten doch die meisten Betroffenen wenig Wert auf Publizität. Die Kriminalpolizei nahm die Vorkommnisse dennoch ernst, galt es doch, die Reichshauptstadt auch international als Hort von Ordnung und Sicherheit zu präsentieren: Die Olympiade rückte näher.

Außerdem gab es da noch eine weitere Verbrechensserie, weit draußen im Osten, wo ausgebuffte Ganoven einsame Straßen durch angesägte Bäume, Busch- und Steinbarrikaden und schließlich sogar durch Stahlseile sperrten, um die aufgehaltenen Fahrzeuge auszurauben. Propagandaminister Goebbels und Heydrich waren empört. Die Sonderkommission Autofallen beim Dezernat E I 5 stakte ergebnislos im Dunkel herum und verlangte eine ausgedehnte Großfahndung nach den Tätern. Doch nein, die Sache sollte nicht publik werden, obwohl ausgerechnet während der Olympiade der fünfzigste Raubüberfall stattfand.

Kurz zuvor, am 17. Juli 1936, war Himmler zum Chef der Polizei im Innenministerium aufgestiegen. Sofort ernannte er Arthur Nebe zum Reichskriminaldirektor und Chef des Reichskriminalpolizeiamtes (RKPA). Das neue Amt wurde mit der fachlichen Leitung der Kriminalpolizei in allen deutschen Ländern beauftragt und zog in das zu diesem Zweck für fünf Millionen Mark umgebaute Textilkaufhaus Gerson & Co. am Werderschen Markt 5.

Angesichts immer dreisterer Raubüberfälle auf Liebespaare und Kraftfahrer, abgelegene Waldgaststätten und Fahrkartenschalter der S-Bahn geriet Nebes Behörde erheblich unter Druck. Im Januar 1938 registrierte man den 110. Überfall! Dass man es immer mit den gleichen Tätern zu tun hatte, stand inzwischen fest. Zwei Menschen waren gestorben, beide mit der gleichen Waffe erschossen.

Endlich schien eine Spur nach Adlershof zu führen, zu einem gewissen Max Götze. Dessen Bruder Walter, in Oberschöneweide gemeldet, wurde nach einem relativ harmlosen Kioskeinbruch auf dem Bahnhof Rahnsdorf festgenommen. Durch eine geschickte Verhörtaktik und das Versprechen, die Familie vor der üblichen Sippenhaft zu bewahren, gelang es dem Kriminalkommissar Kurt Moritz, Götze zu einem Teilgeständnis zu überreden. Schließlich erkannte der Reichsbahnkassierer den Komplizen wieder, der auf dem Bahnhof Rahnsdorf auf ihn geschossen hatte: Max Götze.

Bereits im Juni 1938 fand der Götze-Prozess statt. Noch im Gerichtssaal spann Walter kühne Fluchtpläne. Doch die nützten ihm und seinem Bruder nicht mehr. Sechs Tage nach der Urteilsverkündung wurden beide in Plötzensee hingerichtet. Roland Freisler, Staatssekretär im Reichsjustizministerium hatte noch während des Prozesses ein rückwirkendes Gesetz durchgepeitscht, die Lex Götze, die das Aufstellen von Autofallen mit dem Tod bestrafte.

Mordserien im »Dritten Reich«

Kaum ein Jahr nach Beginn des Zweiten Weltkrieges machte ein Serientäter von sich reden, der im Schutz der verordneten Verdunklung Frauen in der S-Bahn überfiel, niederschlug und aus dem Zug warf. In den Laubenkolonien an der Strecke zwischen Rummelsburg und Friedrichshagen kam es immer wieder zu Vergewaltigungen und Morden und zu zahlreichen Mordversuchen. Nach einer aufwendigen Fahndungsaktion wurde endlich der Hilfseisenbahner und SA-Mann Paul Ogorzow aus Karlshorst als Täter gefasst und im Juli 1941 als achtfacher Mörder hingerichtet.

Ein besonderes, nicht sonderlich ruhmreiches Blatt in der Berliner Kriminalgeschichte beschreibt die (Un-)Taten und Geständnisse des Bruno Lüdke, seines mangelnden Intellekts wegen »Der doofe Bruno« genannt. Nachdem die Kriminalpolizei den als harmlos bekannten Schwachsinnigen nach einem Mord in Köpenick in die Mangel genommen hatte, erwies der sich als erstaunlich geständnisfreudig und wartete mit immer neuen Eingeständnissen zu bis dahin ungeklärten Gewalttaten in ganz Deutschland auf, darunter auch zwei Frauenmorde in Neukölln. Der Verdacht, die Kripo, insbesondere Brunos (einziger!) Vernehmer, Kriminalkommissar Franz, hätte mittels getürkter Geständnisse des doofen Bruno ihre Erfolgsbilanz geschönt, ist nie ausgeräumt worden, zumal materielle Beweise (Identifizierung durch Opfer, Blut- und Spermaspuren, Fingerabdrücke, Tatwerkzeuge und ähnliches) fehlten und Brunos angeblich 53 Morde zur »Geheimen Reichssache« deklariert wurden. Ein Prozess fand nie statt.

Vorgeblich der Bombenangriffe wegen verfrachtete man

167

Bruno in Franz' Begleitung nach Wien, wo man umfangreiche anthropologische, biologische und psychiatrische Untersuchungen vornahm. In einem Brief an Himmler schlug Goebbels allen Ernstes vor, Bruno »bei lebendigem Leibe verbrennen oder vierteilen zu lassen«!

Dazu kam es nicht. Im April 1944, fünf Wochen nach Franz' Rückkehr nach Berlin, starb Bruno Lüdke. Nach zwei Besprechungen der hohen Herren im Berliner Reichskriminalpolizeiamt hieß es, er sei »an einer ansteckenden Krankheit plötzlich in Wien verstorben«.

In Franz' letztem Telegramm hatte es geheißen: »prof. sch. lehnt liqui. ab«, und die Antwort aus Berlin lautete: »Ohne L. zurückkehren. RPKA regelt weiteres.«

Berlin nach 1945

Es kann nicht verwundern, dass die Gewaltkriminalität unter den unsicheren und unübersichtlichen Verhältnissen nach dem Krieg in Berlin zunahm. Ein Menschenleben galt da nicht viel. Willi Kimmritz beispielsweise vergewaltigte 1947/48 zahlreiche Frauen und brachte vier von ihnen um. Nach langwieriger Fahndung endlich im französischen Sektor verhaftet, wurde er ohne politische Umstände an die Volkspolizei ausgeliefert, vor Gericht gestellt und im Juli 1950 in Frankfurt/Oder hingerichtet.

»Der kalte Engel«, die Krankenschwester Elisabeth Kusian, brachte es zur Jahreswende 1949/50 »nur« auf zwei Morde. Sie hoffte, von der Teilung der Stadt zu profitieren, indem sie die Überreste ihrer fachgerecht tranchierten Opfer in Ruinen Ost- und West-Berlins ablegte. Aber auch sie wurde nach einem stillen Wettlauf von Stumm- und Markgraf-Polizei gefasst und am 8. Februar 1950 an der Sandkrugbrücke der West-Polizei übergeben.

Viele dieser Fälle sind in Literatur und Film »aufgearbeitet« worden. Margitta-Sybille Fahr hat die Fälle Lucie Berlin und Hermann Blecher dokumentiert, Horst Bosetzky und Wolfgang Mittmann andere. Wolfgang Kohlhaases Film »Leichensache Zernik« basiert auf den Taten von Willi Kimmritz, der Roman »Café Größenwahn« von Sybil Volks auf denen des Geldbotenmörders vom Hotel Adlon.

Den weitgehend unbekannt gebliebenen »Monsterfall der deutschen Kriminalgeschichte« des doofen Bruno brachte die Münchner Illustrierte in den fünfziger Jahren an die Öffentlichkeit. Verfasser war der Boulevardautor Will Berthold, der behauptete, Bruno habe »erwiesenermaßen« 49 Morde in Tateinheit mit Vergewaltigung und Raub begangen. Auf der Basis dieses Berichtes drehte Robert Siodmak 1957 den Film »Nachts wenn der Teufel kam« mit Mario Adorf in der Rolle des degenerierten Mörders Bruno Lüdke.

Dass zwischen 1983 und 1995 wiederum ein Serienmörder in Berlin sein Unwesen trieb, blieb lange unerkannt. Erst nach der Festnahme des Thomas Rung fand man heraus, dass der gefährlichste Serienmörder der Nachkriegsgeschichte sechs Frauen und einen Mann auf dem Gewissen hatte. Am 13. Oktober 1983 klingelte er abends bei seiner 77-jährigen Vermieterin in der Neuköllner Silbersteinstraße, fiel über sie her und erwürgte sie. Der unglückliche Zufall wollte es, dass die alte Dame am selben Tag schon einmal überfallen und ausgeraubt worden war. Der Täter wurde gefasst. Er glaubte, am Tod der Frau Schuld zu sein, weil er sie zu Boden geschubst hatte, und wurde zu acht Jahren Gefängnis verurteilt.

Eine Woche nach seinem ersten Mord überfiel Rung eine 22-jährige Studentin und versuchte, sie zu vergewaltigen. Auf einem Spielplatz an der Silbersteinstraße brachte er sie um und verscharrte die Leiche im Sand. Im selben Jahr ermordete er zwei Frauen aus Neukölln und Reinickendorf, ohne dass ihn ein Verdacht traf. 1990 tötete er in der Marienstraße in Ost-Berlin sein fünftes Opfer.

Bald darauf zog Rung zu seiner Freundin nach Hellersdorf. Er heiratete und wurde im Juli 1991 Vater. Im Februar 1995 brachte er seinen Stiefbruder auf brutale Weise um. Doch erst nach seinem siebenten Mord kam man ihm endlich auf die Spur. In einer ausgebrannten Wohnung in Kaulsdorf fand man eine Freundin von Rungs Frau, vergewaltigt und erwürgt. Rung wurde noch am gleichen Tag verhaftet. Schockiert erfuhr die Öffentlichkeit von dem Serienmörder.

Am 27. Januar 1994 fand man vor der Nathanielkirche am Grazer Platz in Friedenau den abgeschlagenen Kopf einer jungen Frau, die als die dreißigjährige Erzieherin Michaela M. identifiziert wurde. Wie die Kripo herausfand, hatte die junge Frau aus der Friedrichsruher Straße sich vor einiger Zeit ein Klavier gekauft und den Klavierlehrer Bernhard R. aus der Hauptstraße engagiert, mit dem sie bald eine kurze Liebesbeziehung verband. Die Beamten überprüften den sensibel wirkenden 33-Jährigen, der ihnen unverdächtig erschien.

Ein folgenschwerer Irrtum, wie sich herausstellte. Nur wenige Tage nach dem Mord an Michaela M. rammte Bernhard R. seinem Nachbarn Dieter K. einen Schraubendreher in den Kopf, um »das sogenannte dritte Auge zu öffnen, damit die Seele noch freier wird«, wie er sich im Prozess ausdrückte. Er habe die Seele seiner Opfer retten wollen. »Ich bildete mir ein, Jesus Christus, der Erlöser zu sein«, sagte er. »Ich glaubte, ich hatte die Befugnis, zu töten.« Die Ärzte konstatierten Schizo-phrenie. Bernhard R. wurde in eine Klinik eingewiesen.

Der letzte Serienmörder in Berlin vor dem »Todesengel der Charité«, der Krankenschwester Irene B., die im Juli 2007 wegen sechsfachen Mordes zu lebenslanger Haft verurteilt wurde, war »Dr. Mord«, ein Hautarzt, der 1996 in seiner Praxis eine Prostituierte ermordete und drei weitere schwer ver-letzte.

Berliner Polizeigeschichten

Eine kleine Farbenlehre

Berlins Polizeigeschichte ist nicht sonderlich schaurig, eher gleicht sie einer historischen Farbenlehre. Während die Uniformen der Schutzmänner in zwei Jahrhunderten nur mehrmals zwischen Blau und Grün wechselten, war die Gesinnung ihrer Vorgesetzten zumindest bis 1918 immer tiefschwarz und wechselte 1933 zu dem bekannten Braun. Dass dazwischen ein bisschen Rot aufschimmerte, kann eher als Betriebsunfall nach einer halben Revolution angesehen werden; richtig rot fielen erst die Nachkriegsjahre im Osten aus.

Polizeipräsident Hinckeldey

Stockkonservativ und schwarz war ganz gewiss der Jurist Carl Ludwig Friedrich von Hinckeldey, am 1. September 1805 in Sachsen-Meiningen als Sohn eines Geheimen Regierungsrats geboren. Hinckeldey war überaus gefürchtet – nur wenige nannten sein Wirken segensreich. Er trat 1826 in die preußische Justiz ein, stieg bis zum Oberregierungsrat in Merseburg auf und wurde am 14. November 1848 zum Polizeipräsidenten von Berlin berufen, mit dem ausdrücklichen Befehl, nach der Revolution in der Residenz für Ruhe und Ordnung zu sorgen. Der Historiker Oscar Jäger bescheinigte Hinckeldey denn auch in seiner Weltgeschichte, dass der »mit plumper Rohheit alles, was Demokrat war, oder vielleicht war, oder vielleicht sein könnte, vergewaltigte«.

Hinckeldey, maßlos ehrgeizig, skrupellos und hochmütig, tat sich als Liquidator der Revolution und als Schöpfer des preußischen Polizeigeistes hervor. Er verschärfte die Theater- und Pressezensur, beschlagnahmte Zeitungen, setzte die Überwachung aller Reisenden und Zuzüge – auch des Adels – durch und erwarb sich durch Maßnahmen voll tölpelhafter Grobheit, durch rücksichtslose Hausdurchsuchungen, ein ausgedehntes Spitzelwesen und falsche Zeugen einen üblen Ruf. Er überwachte auch die subversiven Elemente in den Reihen der Polizei. Unter seiner Leitung entwickelte sich das Präsidialbüro, die Abteilung 1 im Berliner Polizeipräsidium, zu einem Zentrum polizeilicher Überwachung. Nicht selten überschritt Hinckeldey, der »einen panischen Schrecken unter den Justizbeamten erregte und damals das Übergewicht der Polizei über die Justiz vollendet hat«, seine Befugnisse, wie der nicht weniger gefürchtete Kriminaldirektor Wilhelm Stieber schrieb, der selber 1860 für einige Tage in die Stadtvogtei geriet und den Dienst quittieren musste. Hinckeldey nannte der Berliner Presse »von Zeit zu Zeit Gegenstände, deren Besprechung ihm nicht wünschenswert war«, und gründete 1851/52 den Polizeiverein der deutschen Länder, dessen Hauptzweck »die Ausspähung, Prävention und Bekämpfung jeglicher oppositionell erachteter Bestrebungen« war. Erstmals tauschten die Polizeichefs der Länder alphabetische Fahndungslisten vor allem politischer Straftäter aus.

Im Prozess von 1849 gegen den Führer der Linken in der Nationalversammlung, den Obertribunalrat Leo Waldeck (1802 bis 1870), musste sich der bloßgestellte und umso trotziger auftretende Polizeipräsident vom Vorsitzenden sein »unschickliches« Benehmen vorwerfen lassen. Hinckeldey hatte gegen Waldeck eine billige Intrige mit gefälschten Briefen des

Spitzels Ohm entfacht. Waldeck wurde freigesprochen. Nach ihm ist der Waldeckpark in Kreuzberg benannt.

Seit August 1854 war Hinckeldey Generalpolizeidirektor und damit gemäß der revidierten Städteordnung auch Vorgesetzter des Berliner Bürgermeisters. Mit dem Unternehmer Ernst Litfaß schloss er im gleichen Jahr einen Vertrag über 150 aufzustellende Reklamesäulen, da ihm das unzensierte öffentliche Plakatieren schon seit 1848 ein Dorn im Auge war. Dreißig der Litfaßsäulen sollten als Urinale, sogenannte »Einmann-Pissoirs« dienen, wurden aber nicht gebaut. Die Berliner nannten ihren Polizeipräsidenten deshalb gerne Pinkel-Bey und spotteten:

Ach, lieber Vater Hinckeldey
mach uns für unsre Pinkelei
doch bitte einen Winkel frei.

Hinckeldey und sein vom Assessor zum Direktor der Kriminalpolizei aufgestiegener Atlatus Dr. Wilhelm Stieber, den Friedrich Engels einen »der elendsten Polizeilumpen des Jahrhunderts« nannte und den Hinckeldey selbst als »dieses verkommene Subjekt« bezeichnete, inszenierten im März 1853 die Entdeckung einiger von Mittelsmännern deponierter Waffen und geringer Munitionsmengen in der Maschinenfabrik Hauschild in der Stralauer Straße. Gleichzeitig traten sie mit der Behauptung auf, Verschwörer hätten eine neue Revolution vorbereitet und der »Gesundheitspflegeverein«, ein Sammelbecken der Opposition, begünstige »hochverräterische Komplotte«. Daraufhin wurden 1854 sechs Angeklagte zu mehrjährigen Zuchthausstrafen verurteilt.

Dessen ungeachtet war Hinckeldey in seinem Amt ein tatkräftiger und durchaus progressiver Mann. Er schuf die erste Telegrafenanlage für Polizei und Feuerwehr, beauftragte um 1853 erstmals eine englische Firma mit dem Bau einer Kanalisation für Berlin und ernannte am 1. Februar 1851 den Bauinspektor Ludwig Scabell zum königlichen Branddirektor. Scabell erfand die optischen und akustischen Signale der Feuerwehr und wurde ein berühmter Mann.

Unter Hinckeldey war die Berliner Feuerwehr auch für die Straßenreinigung zuständig. Er ließ Gesindeherbergen, Volksküchen, Bade- und Waschanstalten errichten. Auf seine Initiative gehen die erste Wasserleitung von 1853 und der Bau des Wasserwerks vor dem Stralauer Tor zurück.

Ausgerechnet dieses Urbild eines gewissenhaften preußischen Beamten, ein Vater von sieben Kindern, starb durch eine verbotene Handlung. Als oberster Regierungsbeamter war Hinckeldey auch für die Einhaltung des Duellierungsverbots verantwortlich. Dennoch ließ er sich provozieren und forderte selbst einen Gegner zum Duell heraus. Hinckeldeys Ehrgeiz, die Polizei dem Militär gleichzusetzen, hatte schon lange den Hass der adligen Offiziersclique um den Kartätschenprinzen Wilhelm hervorgerufen. Die Polizeikonstabler grüßten die Offiziere nicht mehr – ein unerhörter Affront gegen den preußischen Adel. So kam es zu einer kalt geplanten Racheaktion der Gardeoffiziere gegen Hinckeldey.

Der Anlass war schnell gefunden. Im Juni 1855 hatte der Polizeipräsident auf Veranlassung seines Monarchen Friedrich Wilhelm IV. dem Leutnant Damm befohlen, eine Sitzung der adligen Glücksspieler im Jockeyclub im Hotel du Nord Unter den Linden aufzulösen. In der Folge wurden zwei der berüchtigsten Spieler ausgewiesen. Generalfeldmarschall Wrangel und Prinz Wilhelm, der spätere deutsche Kaiser, stellten sich gegen Hinckeldey. Der übernahm die volle Verantwortung für die (vom König befohlene!) den Adel brüskierende Aktion. Hans von Rochow, Mitglied des Clubs, war »so wenig damit einverstanden, daß er den Weg der Beschwerde betrat und hierbei Ausführungen machte, welche der General-Polizei-Director als beleidigend für sich ansehen zu müssen glaubte«, wie die Vossische Zeitung schrieb.

Im März 1856 veranstalteten die Hof- und Gardeoffiziere ein sogenanntes Karussellreiten, bei dem auch acht Polizeibeamte zugegen waren. Das erschien den hohen Herren und Damen überaus unpassend. Der Polizeipräsident wurde gerufen und musste sich den Eintritt erzwingen. Am Eingang stand Rochow und machte beleidigende Bemerkungen zum Innenminister von Westphalen, mit dem einzigen Ziel, Hinckeldey zum Duell zu veranlassen. Sicherheitshalber standen für die Herausforderung noch zwei andere Offiziere bereit. Mit welchen Worten Rochow ihn beleidigte, ist nicht überliefert. Hinckeldey jedenfalls lief in das offene Messer und forderte Rochow zum Duell. Er rechnete dabei fest mit dem Eingreifen des Königs, doch der ließ ihn zum wiederholten Mal im Stich. Später gestand er ein: »Ich wußte seit mehreren Tagen, daß es auf die Tötung Hinckeldeys abgesehen war.«

Hinckeldey starb am Montag, dem 10. März 1856, gegen zehn Uhr vormittags in der Jungfernheide in der Nähe des Forsthauses Königsdamm. Der herausgeforderte Todesschütze war der 32-jährige Rittergutsbesitzer, Leutnant a. D. und Mitglied des Preußischen Herrenhauses Hans Wilhelm von Rochow auf Plessow, ein bekannt vorzüglicher Schütze, während der Polizeipräsident nach den Berichten der Vossischen Zeitung »mit der Pistole nicht umzugehen verstand und überdies durch ein sehr schwaches Gesicht behindert wurde«. Zu Deutsch: Er war kurzsichtig wie ein Maulwurf und traf, wie der Berliner sagt, auf zwölf Schritt keen' Möbelwagen.

Hinckeldey hatte als Beleidigter den ersten Schuss. Seine Pistole versagte. Mit einer zweiten Waffe verfehlte er Rochow, dessen Kugel ihn links zwischen der vierten und fünften Rippe in die Brust traf. Der anwesende Arzt konnte nicht mehr helfen. Angeblich weinte der König, als man ihm die Nachricht überbrachte.

Rochow stellte sich und wurde in seiner Wohnung Unter den Linden verhaftet. Das Militärgericht verurteilte ihn zu vier Jahren Festungshaft. Durch Druck, den man auf Hinckeldeys Witwe ausübte, begnadigte ihn der König auf deren Fürsprache hin nach einem Jahr. Rochow starb 1891 als Vizepräsident des Preußischen Herrenhauses, Domherr zu Brandenburg und Rechtsritter des Johanniterordens.

Das Duell und Hinckeldeys Beisetzung auf dem alten Friedhof der Nikolai- und Mariengemeinde an der Prenzlauer Allee, heute Ecke Mollstraße, hielten Berlin tagelang in Atem. Da Hinckeldey »von der Hand des Junkerclubs niedergestreckt« wurde, mutierte er zum Volkshelden, der ohne Ansehen der Geburt gehandelt und sich nie persönlich bereichert hatte. 100 000 Berliner gaben dem Märtyrer gegen die verhasste Junkertyrannei Geleit. Die für seine hinterbliebene Familie unter anderem von der Berliner Börse angeregte Geldsammlung erbrachte 20 600 Taler – eine für damalige Verhältnisse erstaunliche Summe.

Am Ort des Duells wurde ein Gedenkkreuz aus Sandstein errichtet und zwanzig Jahre später durch ein Granitkreuz ersetzt. In den 1950er Jahren restaurierte und versetzt man es in den Volkspark Jungfernheide am Kurt-Schumacher-Damm. Eine Laubenkolonie sowie die Brücke über den Saatwinkler Damm und den Hohenzollernkanal tragen noch heute den Namen Hinckeldey.

Würdige Nachfolger

Unter den Amtsnachfolgern Hinckeldeys tauchen andere eher merkwürdige als würdige Gestalten auf, wie zum Beispiel Guido von Madai, 1872–1885 Berlins dickster und dickfelligster Polizeipräsident. Der beamtete Gourmand, bekannt als »der dicke Guido«, wog annähernd drei Zentner und wurde trotz seiner Fettleibigkeit 82 Jahre alt.

Anlässlich seines fünfzigsten Dienstjubiläums stiftete er 1884 das Mariannenhaus, um »gefährdeten und gefallenen Mädchen, welche eine gesittete und ordentliche Lebensbahn einschlagen wollen, eine schnelle und vorübergehende Zufluchtsstätte zu geben und ihnen in ihrem weiteren Fortkommen förderlich zu sein«. Zwanzig Jahre später wurde das Heim in der Nachodstraße 10 an den Spediteur Franzkowiak verkauft, der es als Lagerhaus benutzte.

Zu jener Zeit hieß der Berliner Polizeipräsident Traugott von Jagow (übrigens der Erfinder der Einbahnstraße), der sich durch eine plumpe Annäherung an die Schauspielerin Tilla Durieux lächerlich machte und große Damenhüte in Theaterlogen verbot, später als angeblicher Liebhaber und Führungsoffizier von Mata Hari und als Kapp-Putschist in die Geschichte einging, aber auch sonst dem schlechten Ruf vieler seiner Amtskollegen gerecht wurde. Die Teilnehmer der Friedenskundgebungen am Vorabend des Ersten Weltkrieges ließ er von seinen Mannen per Pferd und mit blankgezogener Plempe (sprich: Säbel) auseinandertreiben.

Aus den Jahren des Ersten Weltkrieges gibt es auch Kurioses zu berichten: Im November 1918 wurden die Brüder Emil und Erich Strauß wegen großer Pelz- und Seidendiebstähle zu hohen Gefängnisstrafen verurteilt. Das Werkzeug für ihre Einbrüche hatten sie aus dem Kriminalmuseum im Präsidium am Alex gestohlen ...

Rot gegen Braun

Republikanische Polizeipräsidenten – soweit sie im Herzen nicht ohnehin Monarchisten oder Militaristen geblieben waren – fielen den Berlinern keineswegs angenehm auf. Karl Zörgiebel provozierte am 1. Mai 1929 den Weddinger Blutmai, dessen Straßenkämpfe sich drei Tage lang hinzogen und 25 »Aufständische« und unbeteiligte Passanten das Leben kosteten. Es waren die heftigsten Unruhen in Berlin seit 1919.

Daneben hatte die Polizei es ab Ende der zwanziger Jahre mit ständigen Straßenkämpfen zwischen Kommunisten und der SA zu tun. Während sich die SA der Polizei gegenüber zurückhielt – was ihr deren Duldung eintrug –, benahmen sich die Rotfrontkämpfer ziemlich aggressiv. Das Jahr 1931 markiert den Höhepunkt der Auseinandersetzungen zwischen »sozialfaschistischer« Polizei und KPD. Am 29. Mai kam der Polizeihauptwachtmeister Paul Zänkert auf dem Senefelderplatz ums Leben, als er versuchte, einen linken Überfall auf eine Stahlhelmgruppe zu verhindern. Einen Monat später, am 30. Juni 1931, fiel der 34-jährige Polizeioberwachtmeister Emil Kuhfeld an der Spitze eines Überfallkommandos, das

in der Frankfurter Allee versuchte, 800 Kommunisten aus-
einanderzutreiben, die illegal gegen die Notverordnungen
der Regierung Brüning protestierten und das Überfallkom-
mando mit einem Steinhagel empfingen. Gegen die mit
Gummiknüppeln vorgehenden Polizisten krachte schließlich eine Salve von vierzig Schüssen. Von einem Bauchschuss
getroffen, brach Kuhfeld vor dem Haus Frankfurter Allee 333
zusammen und starb kurz darauf in der Rettungsstelle.

Die Beisetzung des SPD-Mitglieds Kuhfeld gestaltete sich
zu einer Massenkundgebung gegen den Straßenterror. Die
KPD distanzierte sich von der Demonstration und sprach
von einem Unfall. Später benannte sie einen NS-Provokateur,
dem Parteigenossen (auch unter den Polizisten) ein falsches
Alibi bestätigt hatten und der inzwischen Selbstmord begangen hatte. 1938 ermittelte die Gestapo einen 28-jährigen Waf-
feninstrukteur des Rotfrontkämpferbundes als angeblichen
Täter und verurteilte ihn zum Tode.

Das Hauptquartier der Kommunisten befand sich am Bü-
lowplatz, dem heutigen Rosa-Luxemburg-Platz, wo die
Genossen über einen starken Rückhalt in der Bevölkerung
verfügten. Die Revierpolizei in der Gegend fühlte sich seit
Wochen bedroht, und am 9. August wurden schließlich
während einer Streife die Polizeihauptleute Anlauf und Lenck
von hinten erschossen, ein dritter Polizist wurde verwundet.
Die Täter entkamen nach Moskau, wie man seit langem weiß.
Erich Mielke, einer der beiden Schützen, erhielt in Moskau
eine geheimpolizeiliche Ausbildung, für die er schon im spa-
nischen Bürgerkrieg Verwendung fand. Nach dem Krieg aus
der West-Emigration zurückgekehrt, setzten ihn die Russen
als Leiter der Lichtenberger Polizeiinspektion ein ...

Die braune Macht

Im Februar 1933 machten die Nationalsozialisten ihr Parteimitglied, den Konteradmiral a. D. Magnus von Levetzow, zum Polizeipräsidenten, der natürlich nichts tat, um die Exzesse der NS-Horden in den ersten Monaten ihrer Herrschaft einzudämmen. In der Nacht und an den Folgetagen des Reichstagsbrandes wurde auch das Polizeigefängnis in der Dircksenstraße mit politischen Häftlingen überschwemmt. Dennoch erschien von Levetzow den Nationalsozialisten auf die Dauer nicht scharf genug; nach seinem provozierten Rücktritt übernahm SA-Führer Graf Helldorf das Amt – ein Mann, der sich überraschenderweise später gemeinsam mit dem Reichskriminaldirektor Arthur Nebe zu den Verschwörern des 20. Juli 1944 bekannte und wie die meisten von ihnen in Plötzensee hingerichtet wurde. Nebe flüchtete, wurde verraten und verhaftet. Am 2. März 1945 wurde der ehemalige SS-Gruppenführer und Generalleutnant der Polizei als Hoch- und Landesverräter zum Tode verurteilt und am nächsten Tag hingerichtet.

Stumm gegen Markgraf

Noch vor Kriegsende flogen die Russen mit der Gruppe Ulbricht nicht nur den künftigen Partei- und Staatschef der DDR ein, sondern mit Hans Mahle auch den Generalintendanten des künftigen Rundfunks sowie den Berliner Polizeipräsidenten, der ab 20. Mai 1945 im Gebäude der ehemaligen Deutschen Arbeitsfront in der Linienstraße 85–88 agierte. Es war der ehemalige Kommandeur einer Panzerjägerabteilung und

Ritterkreuzträger Paul Markgraf. Die Zeiten waren unruhig in der Viersektorenstadt, auch die Verbrecher strömten zurück in die zerstörte Metropole und bescheinigten sich gerne gegenseitig, Opfer des Faschismus zu sein. Selbst die Polizei blieb nicht verschont vom Zulauf Vorbestrafter und getarnter Nationalsozialisten. Von 12 500 Polizisten wurden schon 1946 8700 wieder entlassen. Zusammen mit der schlechten Bezahlung verstärkten Einsprüche und Personalwünsche der Besatzungsmächte die ständige Fluktuation. Hinzu kam die politisch brisante Situation in der Stadt, deren Spaltung in Ost und West sich nach der westlichen Währungsreform und der östlichen Blockade nicht mehr aufhalten ließ. Vergebens beriefen Magistrat und westliche Alliierte Markgraf ab und inthronisierten seinen Vize Dr. Johannes Stumm zum neuen Polizeipräsidenten. Stumm, ein von den Nationalsozialisten geschasster Kriminalpolizeirat, blieb nichts anderes übrig, als sich in einer leeren Kaserne in der Friesenstraße ein neues Polizeipräsidium einzurichten. In Ost und West setzten umfangreiche Entlassungen von Polizisten ein, die sich zum jeweils »falschen« Präsidenten bekannten. Der zähe Kampf Stumm gegen Markgraf, von beiden Seiten unter ständigen alliierten Eingriffen und mit allen Waffen und Propagandamitteln des Kalten Krieges geführt, zog sich lange hin, bis auch der letzte sich zu Stumm bekennende Polizist in West-Berlin Arbeit und Wohnsitz gefunden hatte. Den Osten durfte er künftig ebenso wenig besuchen wie ein Volkspolizist den Westsektor.

Unter Stumm, der sich anfangs sogar sowjetischer Sympathien erfreut hatte, nahm die West-Berliner Polizei keine durchweg erfreuliche Entwicklung. Ab Januar 1953 stieg der Anteil ehemaliger Nationalsozialisten sprunghaft an; Hunderte ehemalige SA- und SS-Männer erhielten – gegen

Stumms erbitterten Widerstand – Zugang zur Berliner Polizei und drangen bis in deren Führungsspitze vor. Für politische Delikte war in der Abteilung I beispielsweise ein ehemaliger SD-Offizier und Himmler-Leibwächter zuständig. Für die strikte Bekämpfung des inneren Staatsfeindes, der Kommunisten nämlich, schien diese Auswahl allerdings passend. Da konnte es schon mal vorkommen, dass der Kreuzberger Reviervorsteher Zunker im November 1951 bei einer Aktion auf dem Potsdamer Güterbahnhof dem dort amtierenden Reichsbahn-Dienststellenleiter Ernst Kamieth einen Faustschlag versetzte, »als wollte er einen Ochsen töten«, worauf Kamieth noch am gleichen Tag verstarb. Zunker, ein ehemaliges NSDAP-Mitglied, wurde zu einer milden Gefängnisstrafe verurteilt und vor deren Antritt begnadigt.

Auch Stumms eigener Ruf blieb über die Jahre keineswegs untadelig. Mit einem Villenneubau in Grunewald verstrickte er sich Anfang der fünfziger Jahre in den Skandal seines Freundes Oberjat. Dieser Margarinekönig, der nachweislich 150 Tonnen seiner zeitweise sehr begehrten Ware auf dem Schwarzmarkt verschoben und für das Geld überall in Berlin Mietshäuser erworben hatte, verließ 1956 nach einer Prozess-Farce das Gericht als freier Mann, und Stumm blieb weiterhin im Amt. Erst 1962 folgte ihm ein weiterer Oberjat-Vertrauter, der stramme Oberst a.D. und Schutzpolizeikommandeur Erich Duensing, der schon 1951 mit einem freizügigen Versprechen angetreten war: »Euch Berlinern werde ich noch die Schwänze nach hinten drehen! Ihr habt alle Rotz am Ärmel...«

Der martialische Kommandeur schien über lange Jahre der rechte Mann zu sein, dem weder seine kriminellen Oberjat-Kontakte noch andere Affären schadeten. Nach einer kommunistischen Demonstration brüllte Duensing einen festgenommenen Ost-Berliner ADN-Reporter an: »Halten Sie die Schnauze, oder ich haue Ihnen in die Fresse!« Er ließ seinen liebenswürdigen Worten sogleich die Tat folgen, indem er dem von solcher Art Schnelljustiz Überraschten mit der scharfen Kante eines Lineals ins Gesicht schlug.

Das geschah im Dezember 1955. Doch erst der von ihm gründlich verpatzte Polizei-Einsatz bei der Anti-Schah-Demonstration am 2. Juni 1967, der mit dem Tod Benno Ohnesorgs noch jahrelang Unruhe in West-Berlin provozierte, brachte Duensing endlich zu Fall.

Nach den Gegnern des Vietnamkrieges und den linksradikalen Studenten waren es bald die Hausbesetzer, denen die besondere polizeiliche Fürsorge galt. Innensenator Lummer vom rechten Flügel der CDU – dem die Stasi in Ost-Berlin eine Braut andiente und den sie anschließend zu erpressen versuchte – präsentierte sich am 22. September 1981 als besonders tapferer Kämpfer. Auf der Flucht vor der zu seinem Schutz mal wieder kräftig mit dem Schlagstock prügelnden Polizei wurde der 18-jährige Klaus-Jürgen Rattay von einem Bus erfasst und zu Tode geschleift.

Die Erfolge der rigiden Entsetzungspolitik ließen schließlich auch Berlins Einheitsbürgermeister Momper nicht ruhen. Am 14. November 1990 veranstalteten Berlins Polizisten in der Mainzer Straße in Friedrichshain einen Waffengang gegen die Autonomen, die sich dort in zwölf Häusern verschanzt hatten. Polizeipräsident Georg Schertz bezeichnete die »bürgerkriegsähnliche(n) Zustände« später als »die schwersten Straßenschlachten der Berliner Nachkriegsgeschichte«.

Wie friedlich ging es hingegen für die Polizeitruppen Markgrafs und seiner Nachfolger in Ost-Berlin zu, die seit

1950 im ehemaligen Bürogebäude des Karstadtkonzerns in der Keibelstraße residierten! Die Deutsche Volkspolizei – nur im Westen und von Regimegegnern Vopo benannt – versagte bei ihrer ersten ernsthaften Bewährungsprobe kläglich und trat den Streikenden und Demonstranten am 16. und 17. Juni 1953 nirgendwo entgegen. Der Demonstrationszug vor dem eigenen Präsidium und vor der Frauenhaftanstalt in der Barnimstraße vermochte sie ebenso wenig aus der Reserve zu locken wie die Plünderungen von HO-Läden oder die Brandstiftung im Columbushaus am Potsdamer Platz. Erst nach Verkündung des Ausnahmezustandes durch die Sowjetarmee tauchten die Uniformierten wieder in Ost-Berlins Straßen auf und überwachten die ungestörte Zufahrt der Panzer und die Durchsetzung der sowjetischen Befehle.

In den folgenden Jahren bewiesen allerdings auch die Ost-Polizisten, dass sie bereit waren, rücksichtslos gegen jede Spur von Aufmüpfigkeit der Jugend vorzugehen. Am 7. Oktober 1977 beispielsweise kam es rund um den Fernsehturm zu deutlichen Unmutsäußerungen der zum Feiertag der Republik Geladenen. Die massiv auftretenden Polizeikräfte übten schon mal für den allerletzten Tag dieser Republik und verwandelten den Autotunnel in der Grunerstraße kurzerhand in einen »Zuführungspunkt« für die Festgenommenen.

Zu Zusammenstößen mit der Polizei kam es auch im Juni 1987, als Ost-Berliner Jugendliche diesseits der Mauer die Musik der im Westen auftretenden Pop-Stars David Bowie, Genesis und Eurythmics mithören wollten.

Am 7. Oktober 1989 schließlich kam es am Alex, in der Schönhauser Allee und in der Umgebung der Gethsemanekirche zu Prügelszenen, wie sie im real existierenden Sozialismus bis dahin nicht üblich gewesen waren. Ihren Polizeipräsidenten, Generalmajor Friedhelm Rausch, lernten die Ost-Berliner erst als höchst problematischen Zeugen vor der Unabhängigen Untersuchungskommission kennen, die vergeblich versuchte, die Vorgänge vom 7. und 8. Oktober 1989 aufzuklären. Da halfen ihm auch die sechsreihigen Ordensspangen nicht, mit denen er sich unpassenderweise geschmückt hatte.

Berlins organisierte Unterwelt

Baldowerter Diebstahl

Bei genauerer Beschäftigung mit der Geschichte Berlins verliert der Mythos von der guten alten Zeit schnell an Glanz. Drakonische Strafen vermochten die allgemeine Unsicherheit in der mangelhaft beleuchteten und übelriechenden Stadt kaum zu dämpfen, in der ein hoher Bevölkerungsanteil in heute unvorstellbarer Armut dahinvegetierte. Der Kammergerichtsreferendar C. W. Zimmermann legte 1847 eine umfangreiche Untersuchung zu einem Thema vor, das bis heute nicht an Aktualität verloren hat: »Die Diebe in Berlin«. Bei einer Bevölkerungszahl von 360 000 Einwohnern schätzte er ungefähr 34 000 Individuen, welche »im Betreff der öffentlichen Sicherheit größere oder geringere Besorgnisse einflößen« – darunter etwa 10 000 Prostituierte und eine gleiche Zahl von Bettlern, Vagabunden, Arbeitsscheuen, Obdachlosen und Verarmten.

Ein Kapitel in Zimmermanns Buch ist dem »baldowerten gemeinsamen Diebstahl« gewidmet und enthält erschreckende Beispiele der Dreistigkeit von gutorganisierten Dieben und Einbrechern, die selbst vor einem »Bruch« in die königliche Münze nicht zurückschreckten. Untereinander bedienten sich die Gauner seit Jahrhunderten einer eigenen Sprache, die in Berlin eine besondere Ausprägung erfuhr und deren Wortschatz noch heute im allgemeinen Berliner Sprachgebrauch nachweisbar ist. Etwas ausbaldowern, Schmiere stehn, verschüttjehn oder jemanden verpfeifen – derlei versteht jeder Berliner, selbst wenn er kein schwerer Junge ist. Hans Ostwald hat sich mit dieser bildhaften Sprache befasst, die in den »goldenen« zwanziger Jahren des 20. Jahrhunderts in den Berliner Ringvereinen kultiviert wurde.

Fidele Brüder, Ratten und andere Ringvereine

Die Verschärfung der Kuppelei- und Sittenparagraphen im Zusammenhang mit der Lex Heinze sowie die anhaltende Moraldiskussion störten die Geschäfte der Berliner Unterwelt empfindlich. Aus diesem Grunde soll 1890 in der »Schnurr-bartdiele«, einer Spelunke in Berlins armseligster Bordellgasse Hinter der Königsmauer, der »Reichsverein ehemaliger Straf-gefangener« gegründet worden sein. Die Straße existiert seit 1887 gar nicht mehr. So beginnt auch die Geschichte der Berliner Ringvereine mit einer Legende. Als Voraussetzung für eine Probezeit in ihren Reihen galt eine Mindestvorstrafe von zwei Jahren Zuchthaus und die Fürsprache zweier Bürgen. Außerdem verpflichteten sich die Mitglieder, in der Öffentlichkeit nicht aufzufallen und keine Schlägereien anzufangen. Erwünscht war der »saubere« Ganove, der sich an Ehrbegriffe und Spielregeln hielt. Mord und Sexualdelikte widersprachen dem Ehrenkodex der organisierten Ganoven – sofern es nicht um blutige Rache an Verrätern ging.

Dem erfolgreichen Reichsverein folgten bald weitere wie der »Sportklub Deutsche Kraft 1895«, »Glaube – Liebe – Hoff-nung« und der »Klub Königstadt 1898«. In jenem Jahr existierten bereits zwölf derartige Vereine. Die zehn größten bildeten nach der Jahrhundertwende den Dachverband »Berliner Ring«, während andere wie »Einigkeit«, »Fidele Brüder« oder »Alt-Rixdorf« sich im »Freien Bund« organisierten. Ein paar Dutzend weitere, genannt die Rattenvereine, gehörten der »Freien Vereinigung« an. Die gewalttätigen Ratten, etwa vom »Freien Rabatt-Sparverein Groß Berlin Hand in Hand«, bildeten die mehr oder weniger unlautere Konkurrenz für die echten Ringvereine, und die sogenannten »Rabenjungen« lieferten den Nachwuchs.

An der Spitze der Berliner Ringvereine stand unangefochten der »Geselligkeits-Club Immertreu 1919 e. V.« mit seinem Motto »Lass Neider neiden, Hasser hassen, was Gott uns gönnt, muss man uns lassen. Einigkeit macht stark!«.

Gott – respektive die Berliner Polizei – gönnte den Vereinen vor allem die Einnahmen aus der Schutzgelderpressung, aus dem organisierten Wettbetrug und zunehmend aus der Vergnügungsindustrie, wo die Vereinsmitglieder und Sympathisanten als Kellner, Köche, Türsteher, Animiermädchen und in hunderterlei anderen Funktionen tätig waren und auf Vereinsbefehl ihre Forderungen durchsetzten. Die Ringbrüder, unterstützt durch Prostituierte, Bettler und fliegende Händler, verfügten über ein tadellos funktionierendes Nachrichtensystem und beherrschten auch die Drogenszene. Im Berlin der »Goldenen Zwanziger« waren Kokain und Morphium nicht nur unter Künstlern in Mode. Der Handel damit war eine der sicheren Einnahmequellen der organisierten Kriminalität.

Dennoch waren die Ringvereine keine Verbrecherbanden im Sinne heutiger organisierter Kriminalität; ihr Zusammenhalt bezog sich eher auf gemeinsame gesellschaftliche Aktivitäten.

»Politische und konfessionelle Bestrebungen sind ausgeschlossen«, hieß es in der Satzung von Immertreu.

Der Zweck des Vereins soll erreicht werden:

1. Durch Förderung der Freundschaft und der Geselligkeit unter den Mitgliedern.

2. Durch Unterstützung in Krankheits- und besonderen Notfällen

3. Durch Unterstützung im Todesfalle...

Jedes Mitglied ist verpflichtet, für die Ehre des Vereins nach Kräften zu wirken.

Besondere Ehrenpflicht ist es, zur Beerdigung eines Vereinskollegen zu erscheinen.

Der Verein hält es für seine Ehrenpflicht, jedes verstorbene Mitglied so zu beerdigen, wie es die Ehre und Würde des Geselligkeitsvereins Immertreu 1919 e.V. verlangt.

Der Kollege, der in trunkenem oder aufgeregtem Zustand leichtsinnig mit seiner Vereinsnadel umgeht, wird mit 10 Mark in Strafe genommen.

Bei Beginn des Ersten Weltkrieges wurden alle öffentlichen Tanzlustbarkeiten verboten – ein herber Schlag für die Ringvereine und 3819 registrierte Dirnen, deren Zahl sich bis Kriegsende dennoch verdoppelte. Umgehend organisierten die ideenreichen Ganoven in den zahllosen Kellerlokalen um die Linien- und Auguststraße private Tanzveranstaltungen. Außerdem spezialisierten sie sich auf den Diebstahl von Lebensmitteln und Feldpost und auf die Fälschung von Lebensmittelkarten.

Die Goldenen Zwanziger

In den Jahren nach dem Ersten Weltkrieg nahm die Kriminalität in Berlin ungeahnte Ausmaße an. Schon in den Novemberwirren wurden – angeblich vom Arbeiter- und Soldatenrat – 3,5 Millionen Zigarren »beschlagnahmt«, an anderer Stelle, ebenfalls von einem Trupp Uniformierter, die Kassen des Eisenbahnregiments Nr. 4 »sichergestellt«. »Berlins Ganoven machen ihre ersten Fingerübungen«, urteilte der Chronist. Beliebt waren Geldfälschungen, der Einfachheit halber das Umbewerten von Ein- in Hundert-Dollar-Noten. Ein stellungsloser Artist, genannt der König der Fassadenkletterer, klaute im Hotel Adlon Hugo Stinnes die goldene Taschenuhr vom Nachttisch und dazu eine Aluminiumdose mit Gänseschmalz.

Die unruhigen Nachkriegsjahre ließen noch ganz andere Formen organisierter Kriminalität erblühen, die uns sehr vertraut erscheinen. 1919 stieg der Heereslieferant Sklarz, bekannt mit Ebert, Noske und Scheidemann, in den Kohlehandel nach Dänemark ein (gegen Lebensmittel). Er bestach höchste Beamte und Reichstagsabgeordnete und betrog die Preußische Staatsbank um Millionen. Julius Barmat und der Bankier Iwan Kutisker verdienten an obskuren Millionengeschäften, an denen auch Lenins Geldgeber Parvus-Helphand beteiligt war. Die Privatbank des stets liebenswürdigen Herrn Kutisker trat in enge Geschäfte mit der Preußischen Staatsbank (Seehandlung) ein. Kutisker versicherte sich der Sympathie der dortigen Mitarbeiter auf höchst nahrhafte Weise: Er lieferte ihnen Gänse zu weniger als einem Drittel des normalen Preises. Diese Sympathie war unerlässlich, benötigte er doch für seine dubiosen Geschäfte hohe Kredite – insgesamt 14 Millionen Goldmark, wie sich zum bitteren Ende herausstellen sollte, das Kutisker allerdings nicht mehr erlebte. Zu vier Jahren Zuchthaus verurteilt, starb er unmittelbar vor Ende des Berufungsverfahrens.

Und noch einer blieb auf der Strecke: der ehemalige Reichspostminister Anton Hoefle vom katholischen Zentrum, dem seine Freundschaft mit dem Bankier Julius Barmat zum Verhängnis wurde. Der half ihm zinsfrei mit 60 000 Mark beim Bau einer schmucken Villa in Lichterfelde-West aus. Ganz selbstlos natürlich – obwohl Barmat selber dringend Geld für seinen Konzern brauchte. Damit wiederum konnte der Herr Reichspostminister aushelfen, verfügte er doch über die brachliegenden Postscheckbeträge. Die Reichspost gewährte Barmat im Oktober 1924 für Industriezwecke ein Darlehen von 14,5 Millionen Mark. Als die Sache ans Licht kam, trat Hoefle zurück und bald darauf die ganze Regierung Marx. Unvorsichtigerweise legte Hoefle auch sein schützendes Abgeordnetenmandat nieder und wurde am 11. Februar 1925 verhaftet. In der Untersuchungshaftanstalt Moabit verfiel er in Depressionen; angesichts neuer staatsanwaltlicher Vorwürfe verschlechterte sich sein Gesundheitszustand zusehends, bis er schließlich in Bewusstlosigkeit fiel. Ins Hedwigkrankenhaus eingeliefert, verstarb er noch am gleichen Tag. Das Obduktionsgutachten schloss die »Annahme, dass der Tod durch Einnahme eines narkotischen Mittels erfolgt ist«, nicht aus und hielt die Möglichkeit einer Vergiftung für wahrscheinlich. Staatsanwaltschaft und nationale Presse waren sich einig: Hoefle hatte Selbstmord begangen, was einem Schuldgeständnis gleichkam. Eine Woche später siegte bei der Wahl des Reichspräsidenten der reaktionäre Generalfeldmarschall von Hindenburg mit knappem Vorsprung vor Hoefles Parteifreund Marx. Barmat kam mit einer geringen Strafe wegen Bestechung davon.

Ein anderer, für die Zeit typischer Fall war der des »Volksbeglückers« Max Klante. Hunderttausende vertrauten dem großschnäuzigen Emporkömmling ihre Ersparnisse an, der sie über Wettgewinne zu vervielfachen versprach. Überall in der Stadt unterhielt er Wettbüros und Likörstuben, gab eine eigene Zeitschrift heraus und besaß Villen in Karlshorst und auf Schwanenwerder. Als die Inflation eine Pause einlegte, war er pleite. Im September 1921 wurde er wegen Betrugs zu drei Jahren Gefängnis verurteilt.

Die Schlacht am Schlesischen Bahnhof

In den Ringvereinen war man derweil nicht untätig. Berühmt wurde der Schränker (sprich: Tresorknacker) und Ausbrecherkönig Franz Kirsch, dem es viermal gelang, aus der Haft zu entkommen. Ein anderer Ringbruder flüchtete aus Tegel, um seine ungetreue Gattin ums Leben zu bringen. Rache, besonders an Verrätern, wurde groß geschrieben in den Vereinen.

Gustav Passarge, genannt Matrosen-Willy, der Mackie Messer vom Bülowbogen, tötete im Juni 1920 den Teppichhändler Neißer. Im Prozess gestand Matrosen-Willy, Mitglied im »Ring Groß-Berlin« zu sein. Er nannte Namen und Verbindungen und wurde angeblich in Moabit durch einen bestochenen Beamten vergiftet. In Wahrheit starb Matrosen-Willy 14 Tage nach seiner Haftentlassung an Tuberkulose.

Schlimm erging es 1926 zwei Brüdern vom »Sportclub Deutsche Kraft«, die bei einem Einbruch gefasst wurden. Voller Angst, in einen Mordfall verwickelt zu werden, lieferten die beiden die Namen von Hehlern, Tippgebern und Vereinsbrüdern. Die Polizei konnte sie nicht davor schützen, verprügelt und schließlich auf offener Straße erschossen zu werden.

Mit Härte ging der Ring gegen nichtorganisierte Einzeltäter vor und schreckte nicht davor zurück, sie notfalls zu denunzieren. Einzeltäter waren auch die Gebrüder Saß aus Moabit, denen allerdings die Sympathie aller Ganoven und der Öffentlichkeit galt. Mit unglaublicher Energie und Frechheit machten sie sich immer wieder an Tresore heran und galten als Deutschlands erfolgreichste Bankräuber.

Als im März 1927 in der Markusstraße 21 infolge einer Verwechslung Zuhälter aus dem »Geselligkeitsverein Friedrichstadt« von Mitgliedern des »Lotterie- und Männergesangvereins Felsenfest« erschossen wurden, setzten sich die Vereinsvorstände zusammen. Die förmliche Entschuldigung von Felsenfest wurde anerkannt.

Es war anscheinend wirklich eine goldene Zeit für die Ringvereine, deren Mitglieder in Frack und Zylinder zu den Beerdigungen schritten. Im Sommer 1926 fand in Berlin ein internationales Zuhältertreffen mit Gästen aus Österreich und Frankreich statt, auf dem man sich unter anderem über den Mädchenhandel nach Südamerika und in den Nahen Osten austauschte. Die Polizei schien machtlos zu sein. Angeblich existierten Anfang 1933 in Berlin 85 Ringvereine.

Berühmt wurde die Schlacht am Schlesischen Bahnhof vom 28. bis 30. Dezember 1928, die zu einem kurzzeitigen Verbot der Vereine »Immergrün« und »Nord« führte. Es ging gegen die Hamburger Zimmerleute, die beim U-Bahn-Bau beschäftigt waren und bei einer Kneipenschlägerei im Klosterkeller Klamotten-Emil vom Verein »Nord« niedergestochen hatten. Am nächsten Tag nahmen 300 Trauergäste – darunter der Strafverteidiger Dr. Frey und Harald Paulsen, der Darsteller des Mackie Messer bei der legendären Dreigroschenoper-Uraufführung – an der Beisetzung des Ringbruders Latten-Paule teil. Noch vor dem abendlichen Leichenschmaus erfuhr Muskel-Adolf, der Vorsitzende von Immertreu, der Täter vom Vortag sitze mit seinen Kollegen in einer Gastwirtschaft am Schlesischen Bahnhof. Ungesäumt begab er sich dorthin. »An eine Prügelei war nicht gedacht«, sagte er im Prozess aus, was schon daraus hervorgehe, dass »ich ja bloß mit ungefähr sechs Mann in das Lokal ging«. Obwohl der Messerstecher auf die Straße gedrängt und verprügelt wurde, sah es nach einem Sieg für die Zimmerleute aus. Immertreu aber gab »Ringalarm«, worauf sich etwa 150 bewaffnete Vereinsbrüder sammelten und zum Sturm bliesen. Das Ergebnis: die größte Massenschlägerei in Berlins Geschichte, 150 schwerbewaffnete Ringbrüder gegen zwei Dutzend Zimmerleute und Maurer. Bevor die Polizei eintraf, fielen sechzig bis hundert Schüsse.

Die Beamten ließen sich Zeit mit den Verhaftungen. Erst am 5. Januar 1929 wurden Muskel-Adolf und sechs weitere Ringbrüder festgenommen. Bei Berlins berühmtestem Strafverteidiger Dr. Frey erschien Muskel-Adolfs Geliebte Hulda Spindler, genannt Aktien-Mieze, gemeinsam mit den Bräuten der anderen Inhaftierten. Als Anzahlung legten sie ihren Schmuck ab: »Und det, Herr Dokter, is keene heiße Ware.«

Die organisierten Ganoven warteten mit den besten Strafverteidigern Berlins auf. So ging der Prozess aus wie das Hornberger Schießen. Längst waren alle Zeugen eingeschüchtert und bestochen. Der übliche Preis: 300 Mark. Muskel-Adolf erhielt wegen einfachen Landfriedensbruchs zehn Monate mit Bewährung, der Ringbruder Mollen-Albert fünf Monate.

Alle anderen wurden freigesprochen. (Dr. Frey wurde übrigens während des Prozesses sein Pelzmantel gestohlen, zu Weihnachten erhielt er einen identischen zurück.)

Filmreif

Neben Alfred Döblins Roman »Berlin Alexanderplatz« bot Fritz Langs erster Tonfilm von 1931 »M – Eine Stadt sucht einen Mörder« eine bleibende künstlerische Darstellung der organisierten Unterwelt. Angeblich ließ sich Fritz Lang von den Ringbrüdern beraten und akzeptierte zwei Dutzend ausgewählte Statisten aus den Vereinen, die immerhin die Echtheit des Milieus garantierten. Im Kriminalkommissar Lohmann, verkörpert von Otto Wernicke, wollte damals jeder den dicken Kriminalrat Ernst Gennat erkennen, den populärsten Polizisten aus dem Kolossalbau am Alex. Dort verfügte die Kripo 1932 über 2360 Beamte (plus 300 bei der politischen Polizei). Von den 132 Kriminalkommissaren hatten 22 promoviert. Namen wie Busdorf, Otto Trettin, Werneburg, Liebermann von Sonneberg waren allgemein bekannt.

In der Fachinspektion A (Mord und Körperverletzung) waren ab 1926 unter Gennat drei Mordkommissionen tätig. Arbeit hatten die auch zu Beginn der dreißiger Jahre genug: Da wurden in Neukölln ein Kinodirektor und in der Lutherstraße eine alte Frau ermordet und beraubt, da starb ein Uhrmacher bei einem Schäferstündchen mit einem gewissen Lieschen Neumann. Immerhin klärte das Morddezernat unter Ernst Gennat 1928 39 von 40 Tötungsdelikten und 1931 108 von 114 Tötungsdelikten. Bei Diebstählen lag die Aufklärungsquote unter fünfzig Prozent.

Schlimme Zeiten

Mit dem Machtantritt der Nationalsozialisten sank Deutschlands Rechtspflege um Jahrhunderte zurück. Berufsverbrecher waren bald nur noch eine Kategorie in den KZ; wie die politischen Gegner des Regimes wurden viele von ihnen auf der Flucht erschossen oder endeten durch Fallbeil und Strang. Die Kriminalität ließ sich damit bestenfalls unterdrücken, nicht verhindern, wie der Fall Götze oder der des S-Bahn-Mörders Paul Ogorzow bewiesen.

Kein Wunder, dass auch im zertrümmerten Nachkriegsberlin ein Menschenleben nicht viel galt. Raub und Gewaltverbrechen waren an der Tagesordnung. Die Polizei registrierte monatlich bis zu 15000 Straftaten. Die Haase-Bande – etwa 20 bis 25 Leute – trug bei ihren Raubzügen geklaute Polizeiuniformen und nutzte geschickt die Vorteile der Teilung der Stadt aus, und ein Kleinkrimineller wie der minderjährige Werner Gladow verwechselte die geteilte Stadt gar mit dem Chicago der 1920er Jahre. Seine kriminelle Karriere hatte er als Schwarzhändler und Kipperkönig (Betrug beim Geldtausch) am Alex begonnen. Er sammelte eine Bande um sich, entwaffnete Polizisten in Ost und West und krönte seine dilettantischen Raubzüge durch sinnlose Morde. Die Orte seiner Untaten verteilen sich über das ganze Stadtgebiet, von der Schwendener Straße in Dahlem, wo er nach damaliger Einschätzung in Stumms Nachbarvilla reiche Beute machte, über den Juwelier Wockenfuß Am Friedrichshain, wo ein Toter zurückblieb, bis nach Lichtenberg und Kaulsdorf. Am 11. Mai 1949, drei Tage nach (wie er sich nannte) »Doktorchens« 18. Geburtstag, erschoss er Unter den Linden einen Kraftfahrer. Den BMW der Reichsbahn brauchte die Bande für ihren Plan, die GASAG-Hauptkasse in der Schicklerstraße zu überfallen.

Doch dazu kam es nicht mehr. Am Vormittag des 3. Juni 1949 wurde Gladow nach einer heftigen Schießerei in der Wohnung seiner Eltern in der Schreinerstraße 52 verhaftet. In zwei Prozessen standen insgesamt 78 Angeklagte vor Gericht. Gladow wurden 127 schwere Straftaten und zwei Morde zur Last gelegt. Er und seine Kumpels Gaebler und Rogasch wurden am 9. Dezember 1950 in Frankfurt/Oder hingerichtet, mehrere andere Bandenmitglieder zu hohen Zuchthausstrafen verurteilt.

Die Gladow-Bande ist in mehreren Büchern und Filmen unterschiedlicher Qualität, ja sogar auf dem Theater dargestellt worden. Nüchtern und legendenfrei hat nur Wolfgang Mittmann ihre Untaten dokumentiert. Mittmann hat sich auch mit anderen Fällen Ost-Berliner Nachkriegskriminalität beschäftigt, beispielsweise der geplanten Heimführung der Pferde des Zirkus Schickler aus dem hölzernen Zirkus Barlay in der Friedrichstraße, der die Vorlage zu dem DEFA-Film »Alarm im Zirkus« lieferte, oder den Ost-West-Geschäften des Hasso Schützendorff, des späteren Autokönigs von Mallorca.

Schützendorff hatte sein Vermögen mit dem illegalen Handel mit optischen Geräten aus der DDR verdient und war so kühn, sich den DEFA-Film »Ware für Katalonien«, der ihn und seine Geschäfte darstellte, im Zeitkino im Bahnhof Friedrichstraße selber anzugucken. Jahre später lud er den Regisseur nach Mallorca ein ...

Die Aktion »Licht«

Mancherlei war knapp in der einstigen DDR, von genitivreichen Wortkaskaden einmal abgesehen. Vor allem mangelte es an Devisen. Nach dem Mauerbau reichten diese nicht einmal mehr, um die Bevölkerung mit dem Grundnahrungsmittel Kaffee zu versorgen.

Das war die große Stunde für eine geniale Idee. Lagen nicht in zahlreichen, seit fast zwanzig Jahren ungeöffneten Banktresoren und Schließfächern wahre Schätze brach, deren Eigentümer oder Erben nicht mehr auffindbar oder längst im Westen verschwunden waren?

Unter strengster Geheimhaltung und unter dem Vorwand, man suche weitere Dokumente zur Entlarvung von Kriegsverbrechern und wolle gleichzeitig die Sicherheitsstandards der Banken überprüfen, plante die Staatssicherheit (wer sonst?) die Aktion »Licht«. Im Januar 1962 bemächtigte man sich des »herrenlosen Gutes«, das in Berlin auch aus Tresoren in den Kellern von Ruinen geborgen wurde. Die Bilanz konnte sich sehen lassen: Der Gesamtwert der Beute betrug 4,1 Millionen Mark. Der größte Teil der Edelmetalle, des Schmucks, der Antiquitäten und Briefmarken wurde umgehend in den Westen verscherbelt. Auch diesen Handel – vorbei am offiziellen Interzonenhandel – übernahm die Stasi.

Der Millionenmann

Günter Wurm hieß einer der Hauptakteure bei diesem Deal. »Ich habe den Beruf eines Tschekisten auf der Linie Abwehr erlernt«, beschrieb er selber seinen Werdegang bis zum

Oberstleutnant. »Des Weiteren bin ich Staatsdiplomwirtschaftler und Finanzökonom.« An den klebrigen Händen dieses tschekistischen Finanzgenies blieb nach der Aktion »Licht« einiges hängen. In der Folgezeit installierte er sein eigenes, völlig unkontrolliertes Handelsimperium im Rahmen der Schalck-Golodkowskischen KoKo und scheffelte Devisen in den Staatshaushalt. Und in die eigene Tasche. Was den Ermittlern der Stasi-Hauptabteilung I X im Januar 1981 in einer von Wurm genutzten konspirativen Wohnung in der Niederbarnimstraße in Friedrichshain in die Hände fiel, verschlug ihnen dennoch die Sprache. In der Ofenröhre lagerten 160 000 Westmark und 21,3 Kilo Feingold.

Nachdem die Genossen alle von Wurm und seiner Mitarbeiterin und Komplizin benutzten Objekte und Verstecke durchsucht hatten, lautete das Ergebnis: 86,5 Kilo Feingold im Wert von gut 19 Millionen Mark, 2,2 Millionen Ost- und 1,6 Millionen Westmark in bar, weitere Devisen, Schmuck im Wert von 4 Millionen Mark, Gold- und Silbermünzen für rund 600 000 Mark, dazu elektronische Geräte, hochwertige Spirituosen, 1,5 Millionen West-Zigaretten und Datschen der Extraklasse.

Die Absicht, dieses größte Wirtschaftsverbrechen der DDR samt aller daran hängenden Korruptionsaffären bis in die höchsten Kreise der Politbürokratie rigoros aufzuklären, wurde schnell durch Mielkes Ministerbefehl ersetzt, die Sache um Gottes willen geheim zu halten. Wurm wurde lediglich zum Major degradiert und nach Dresden versetzt, allerdings mit der Maßgabe der satirischen Höchststrafe in der DDR: keine »Beziehungen« mehr.

Daran mochte Wurm, dem jegliches Unrechtsbewusstsein abging, sich nicht halten. Als »seine Drohungen, Verleumdungen und Verdrehungen gegen leitende Mitarbeiter des MfS« immer unverschämter wurden, ließen sich der Rausschmiss aus dem Ministerium und ein Prozess gegen ihn nicht länger vermeiden. Am 3. Dezember 1981 verkündeten die Militärrichter auftragsgemäß 15 Jahre Haft für ihn und 8 für seine Komplizin.

Wurm erlebte seine Freilassung nicht. 48-jährig starb er am 10. September 1983 im Haftkrankenhaus. Über seine Straftaten erfuhr niemand in der DDR etwas.

Der Goldene Westen

Die kriminellen Fälle und Affären in West-Berlin waren zahllos, jahrelang bot der RIAS mit Werner Brincks »Es geschah in Berlin« einen bunten Querschnitt davon. Die Kriminalbeamten kämpften derweil gegen eine Neuauflage der Ring- und Sparvereine, die sich in Kreuzberg neu formiert hatten. Erst 1957 verurteilte das Gericht Gerhard Hirschfeld als »Rädelsführer einer kriminellen Vereinigung« zu sieben Jahren Zuchthaus. Doch es dauerte nicht lange, bis die Stadt mit völlig neuen Formen organisierter Kriminalität Bekanntschaft machte. Ob Russenmafia oder Banden jugoslawischer Einbrecher, verschworene arabische Großfamilien oder afrikanische Betrüger und Drogenhändler – Berlin ist auch in dieser Hinsicht ein multikulturelles Pflaster.

Auch die Weiße-Kragen-Kriminalität hat in Berlin keine üblere Tradition als anderswo. Schon 1912 erlag der Direktor der Borsigwalder Terrain AG angeblich plötzlich einem Herzschlag, in Wahrheit hatte er anderthalb Millionen unterschlagen und beging Selbstmord.

Was in vierzig Jahren an Bau- und Investitionsskandalen über die West-Berliner Provinzbühne ging, darüber sei aus Platzgründen gnädig das Tuch des Vergessens gebreitet. Für die Folgen des Bankenskandals der neunziger Jahre zahlen und sparen die Berliner noch immer, während Herr Landowsky sich auch nach seiner Verurteilung für unschuldig hält und ausgibt.

Geschichten aus dem Untergrund

Verkehrstunnel

Berlin, im Urstromtal und an dessen sanften Hängen auf Sumpf und Sand erbaut, lässt im Untergrund wenig Geheimnisvolles erwarten. In manchen Gegenden der Stadt kämpfen die Bewohner noch heute mit dem Grundwasser in ihren Kellern. Und dennoch hat die Stadt neben ihrer kriminellen Unterwelt allerlei »Unterirdisches« zu bieten. Nicht so viel wie Rom oder Paris, doch immerhin genug, dass sich zwei Vereine (Berliner Unterwelten e.V., unter-berlin e.V.) mit den diesbezüglichen und mitunter recht schauerlichen Überbleibseln vergangener Zeiten beschäftigen. Die stammen ausschließlich von Menschenhand und sind kaum irgendwo älter als hundert Jahre, sieht man einmal von der Kanalisation und von den Röhren der Berliner Rohrpost ab, die seit 1876 unter den Straßen verliefen – immerhin 126 Kilometer, die in Ost und West (seit 1948 streng getrennt) noch lange genutzt wurden.

Berlins erstes bemerkenswertes unterirdisches Bauwerk war der AEG-Tunnel, der am Gesundbrunnen noch heute zwei ehemalige Grundstücke der AEG in der Brunnen- und in der Ackerstraße miteinander verbindet. Die ursprünglich 270 Meter lange, elliptisch geformte Tunnelröhre führt bis in eine Tiefe von 6,5 Meter hinab und wurde bis etwa 1914 von einer elektrischen Tunnelbahn befahren. Später goss man die Sohle mit Estrich aus und fuhr mit Elektrokarren hindurch.

Dem öffentlichen Verkehr diente der Treptower Straßenbahntunnel, mit dessen Bau man 1895 begann. Die Probestrecke für den U-Bahn-Bau sollte die hier 200 Meter breite Spree zwischen der Halbinsel Stralau und dem Gelände der Treptower Gewerbeausstellung von 1896 unterqueren. Dazu wurde ein 450 Meter langes Rohr mit Betonummantelung im Schildvortrieb bis zu zwölf Meter unter der Spree vorangetrieben, und das dauerte seine Zeit. Die verregneten Sommermonate 1896 vergingen und noch drei weitere Jahre, bis die Tunnelröhre endlich im September 1899 für den eingleisigen Straßenbahnverkehr eröffnet wurde. Um Zusammenstöße im Tunnel zu vermeiden, erhielt der jeweils in den Tunnel einfahrende Straßenbahnführer einen Stab, der nur in einem Exemplar existierte. Dennoch kam es 1916 zu einem Zusammenstoß bei der »Knüppelbahn«, der jedoch ebenso glimpflich ablief wie ein Stromausfall.

Wegen der hohen Reparaturkosten wurde der Betrieb in der engen und nicht mehr ganz dichten Röhre im Februar 1932 eingestellt. Zum Stralauer Fischzug 1936 durften erstmalig Fußgänger das schaurige Rohr passieren. Während des Krieges diente der Tunnel, in dem inzwischen ein Hauptwasserrohr verlief, wie fast alle unterirdischen Bauten in Berlin, als Luftschutzkeller. Als man in den 1990er Jahren die Reste des Bauwerks freilegte, fand man noch Bänke und Einrichtungsgegenstände aus dieser Zeit.

Ein weiterer, seit 1916 bis in unsere Zeit genutzter Tunnel unterquert zwischen Kastanienwäldchen und Bebelplatz die Straße Unter den Linden. Dieser ursprünglich viergleisige Straßenbahntunnel diente seinem Zweck nur bis 1926 und noch einmal 1950/51. Die beiden südlichen Tunnelausfahrten wurden vermauert; die Staatsoper nutzte den westlichen Tunnelteil als Kulissenlager, später stellten dort Kampfgruppen und Volkspolizei Fahrzeuge und Gerätschaften unter.

Immerhin wurde mit dem AEG-Tunnel und der erfolgreichen Spreeuntertunnelung die Möglichkeit des U-Bahn-Baus in Berlin nachgewiesen, und das unterirdische Verkehrsnetz entwickelte sich entsprechend schnell, wenn auch nicht ohne Irrwege, von denen die Berliner Untergrundfans noch heute zehren. Tote Gleise, Phantomlinien, »blinde« Tunnel, ungenutzte oder nur im Rohbau vorhandene Bahnhöfe – all das existiert unter Berlins Straßen und ist mitunter mit Hilfe der genannten Vereine zu besichtigen.

So schaurig diese ungenutzten Tunnel auch erscheinen – noch schauriger sind mitunter die wahren Geschichten, die sich mit solchen Bauwerken verbinden. Die Flutung des Tunnels der Nord-Süd-S-Bahn in den ersten Maitagen 1945 ist dafür ein besonders schreckliches Beispiel, jahrzehntelang in Film und Literatur aufgebauscht und mythologisiert. Bis heute steht nicht einmal fest, wer und wann – vermutlich die SS am 2. Mai – die fachmännische Sprengung der Wehrkammern unter dem Landwehrkanal veranlasst und durchgeführt hat. Das Wasser bahnte sich seinen unterirdischen Weg und lief am Bahnhof Friedrichstraße in den U-Bahn-Tunnel. An der Spreeunterfahrung nahe der Klosterstraße drang ebenfalls Wasser in die U-Bahn-Schächte. Binnen kurzer Zeit stand so der größte Teil des Verkehrsnetzes bis weit über die Innenstadt hinaus unter Wasser. Nach Karen Meyers gründlichen Recherchen wurden 1945/46 etwa 200 Leichen aus dem Nord-Süd-Tunnel geborgen, während anderenorts von Tausenden Toten ausgegangen wurde. Insgesamt mussten jedenfalls rund 1,9 Millionen Kubikmeter Wasser aus den Tunneln gepumpt werden, die aber dennoch recht schnell wieder in Betrieb genommen wurden.

Andere Mythen erzählen vor allem vom Waisentunnel

unter der Littenstraße, der unter der Rathausstraße von der Wendeanlage der Linie 5 bis tief unter die Spree führt und dort auf die U-Bahn-Linie 6 trifft. Auch in diesem »toten« Tunnel richteten die Nationalsozialisten einen Luftschutzbunker ein, in dem Jahrzehnte später – Champignons gezüchtet wurden.

Am 8. März 1980 gelang einem Mitarbeiter der Ost-Berliner BVB mit seiner Familie die Flucht durch den Waisentunnel. Dabei half ihm sein Ausweis als Streckenläufer. Die Familie gelangte über einen Einstieg an der Littenstraße an die Linie U 8, wo der Mann einen Zug stoppte und »per Anhalter« mit seiner Familie in den Westen fuhr. Bis zum Mauerfall wurde die spektakuläre Flucht auf beiden Seiten geheim gehalten. Niemand sollte auf die Idee kommen, sie nachzuahmen.

Im Klostertunnel brach am 7. Mai 1985 um 11.45 Uhr ein Brand in einem Leerzug aus, der um 14.40 Uhr gelöscht war. Ab 20.30 Uhr fuhren die U-Bahnen wieder. Im Westen erinnerte man sich an die Verbindung zwischen U-Bahn Ost und U-Bahn West, und die ersten Gerüchte blühten auf. »Massenflucht unter dem Alex – sechs Menschen erschossen?«, titelte eine Zeitung, »Scheiterte in Berliner U-Bahn-Schacht eine Massenflucht in den Westen?«, fragte eine andere. Bald geisterten »12 Flüchtlinge … darunter sechs Fallschirmjäger und zwei Söhne hoher Stasi-Offiziere – alle hingerichtet« durch die Presse.

Die offizielle DDR-Nachrichtenagentur ADN beeilte sich, die ganze Geschichte als »erstunken und erlogen« zu dementieren. Es glaubte ihr nur wieder mal keiner. Erst nachdem Ost-Berlins Verkehrskombinats-Direktor und der Feuerwehrchef den französischen AFP-Korrespondenten in den Tunnel geführt hatten, wo der kein einziges Einschussloch fand, beruhigten sich die Westmedien. »Normalerweise fragen Journalisten erst und schreiben dann«, resümierte der Spiegel hämisch.

Für die gigantomanischen NS-Bauten für die Hauptstadt »Germania« wurden um 1940 die ersten U-Bahn-Tunnel unter der heutigen Straße des 17. Juni gebaut, die in der Nähe des sowjetischen Ehrenmals bis zu 16 Meter tief im Untergrund liegen. In der Nähe des Reichstags mussten sie den Tunnelbauten der 1990er Jahre weichen.

Kanäle, Bierkeller und Katakomben

Eine ganz so stimmungsvolle Kulisse wie Wiens Unterwelt in »Der dritte Mann« gibt die Berliner Kanalisation nicht ab, aber wie in jeder Großstadt ist auch Berlins Untergrund von zahllosen Rohren, Zuflüssen und Sammelkanälen geprägt, die zum Teil schon über 120 Jahre Dienst tun. Beinahe ebenso alt sind manche Bauten der alten Berliner Wasserversorgung. An der Belforter Straße in Prenzlauer Berg werden die beiden eindrucksvollen Wasserspeicher nach mancherlei Zweckentfremdung für die Kultur genutzt, die Anlagen anderer Wasserwerke in der Stadt sind als technische Denkmäler zu besichtigen, wie zum Beispiel die gewaltigen unterirdischen Filtergewölbe in Friedrichshagen.

Glaubt man älteren Berichten, so tranken die Berliner früher ohnehin eher Bier als Wasser. Einen historischen Weinkeller gibt es nur in der Großen Hamburger Straße. In Prenzlauer Berg und im nördlichen Friedrichshain, aber auch am Kreuzberg und am Spandauer Berg hingegen finden sich die tiefen Bierkeller aus dem 19. Jahrhundert, als es außer diesen

Gewölben mit ihren meterdicken Wänden noch keine Kühlmöglichkeiten für das Berliner Lieblingsgetränk gab.

Unterirdische Verteidigungsanlagen konnte man im unsicheren Berliner Baugrund kaum errichten. Lediglich die Zitadelle und das Fort Hahneberg in Spandau verfügen über so etwas wie Kasematten, die im Sommer eine Touristenattraktion darstellen und im Winter den Fledermäusen Quartier bieten.

Letztere wohnen übrigens auch im Denkmal auf dem Kreuzberg. Solche Denkmäler, so glaubt man, brauchen einen festen Sockel, und so stellte man 1819 das von Schinkel entworfene Siegesdenkmal für die Befreiungskriege zwar zuerst einmal nur auf den Sandberg, entschloss sich jedoch wenig später, es der besseren Wirkung wegen um acht Meter zu erhöhen. Dazu wurde das Monument auf ein achteckiges kathedralenartiges Gewölbe gesetzt, in dem heute etwa der Schadowsche »Münzfries« einer neuen Verwendung entgegendämmert. Die Idee, darin eine Gaststätte einzurichten, ist bisher gescheitert.

Ebenso ungenutzt dämmern die 42 Gewölbe am Ufer des Spreekanals dahin, auf denen sich bis 1949 das gewaltige Nationaldenkmal für Kaiser Wilhelm I. erhob. Dazu hatte man die Häuser der einstigen Schlossfreiheit abgerissen und den alten Mühlengraben mit diesen Fundamentgewölben überbaut. Der Mühlgraben neben dem ehemaligen Staatsratsgebäude verschwand im Zuge der Spreeregulierung am Mühlendamm, unter dessen Westende sich übrigens ein »blinder« U-Bahn-Stutzen befindet, der bis unter die Mitte der Spree reicht. Ob und wann die auf den Denkmalsgewölben geplante Nationalschaukel jemals wippen wird, ist wie bei allen öffentlichen Berliner Bauvorhaben nicht abzusehen.

Bunkermythen

Bunker, seien sie nun ober- oder unterirdisch, gehören zu den besonders schaurigen Bauwerken. In Berlin wurden sie zwischen 1941 und 1943 in so großer Anzahl errichtet, dass noch immer viele davon vorhanden sind. Sie einzeln aufzuzählen wäre müßig, an der Pallasstraße in Schöneberg, in Karlshorst und Heckeshorn oder in der Albrechtstraße neben dem Deutschen Theater kann man sich selber ein Bild von den grauen Ungetümen machen, die nach dem Kriege noch in unterschiedlicher Weise genutzt wurden.

Im Untergrund verbergen sich Bunker in zahlreichen Verkehrsgebäuden und in den weitläufigen Untergrundbauten des Flughafens Tempelhof. Ein »hängender« Bunker befand sich im S-Bahn-Tunnel am Anhalter Bahnhof, und noch heute existieren große Bunkeranlagen unter dem Alexanderplatz und im Bahnhof Gesundbrunnen. Auch sie werden von Zeit zu Zeit für Unternehmungslustige geöffnet. Besonders Mutige können sogar den unterirdischen See im ehemaligen Flakbunker am Humboldthain befahren.

Die schaurigsten Geschichten ranken sich um den durch zahlreiche Bücher und Verfilmungen bekannt gewordenen »Führerbunker«, in dem Hitler und Goebbels ihre letzten Tage verbrachten. Auf dem Gelände der ehemaligen Ministergärten zwischen Adlon-Bunker am Pariser Platz und den beiden Bunkern der Neuen Reichskanzlei an der Voßstraße fand man in den 1990er Jahren eine ganze Reihe von Bunkerbauten, darunter den Goebbelsbunker unter dem Holocaust-Mahnmal, die sämtlich beseitigt wurden. Die meiste Aufmerksamkeit erregte dabei der mit NS-Wandmalereien versehene Fahrerbunker der SS unter den Tiefgaragen an der Ebertstraße, dessen Existenz unter dem einstigen Grenzstreifen durchaus bekannt war. Der tatsächliche Führerbunker – ein Luftschutzkeller unter dem ehemaligen Festsaal der Reichskanzlei und wenige Meter westlich davon der eigentliche Tiefbunker mit einer vier Meter dicken Betondecke – war da längst nicht mehr zugänglich. Sowjetische Pioniere hatten bereits im Dezember 1947 die Zugänge gesprengt und verfüllt. Die oberirdischen Reste mit dem zerfetzten Lüftungsturm aus Beton blieben liegen. Am 13. Oktober 1948 erging der Befehl, die Ruinen der ehemaligen Reichskanzlei abzureißen. Der dort reichlich vorhandene rote Marmor aus Thüringen soll im Foyer der Humboldt-Universität und im heutigen U-Bahnhof Mohrenstraße verbaut worden sein.

Erst im Sommer 1959 unternahm die DDR einen neuen Versuch, die Bunker zu beseitigen, scheiterte jedoch an Speers Beton. Der Einfachheit (und der Kosten) halber überdeckte man das Areal mit einem Hügel, der nach dem 13. August 1961 ohnehin im unzugänglichen Grenzbereich lag.

Nach der Entdeckung unterirdischer Bauten im Tiergarten Anfang der 1970er Jahre befürchtete das Ministerium für Staatssicherheit eine unterirdische Verbindung dieser West-Berliner Tunnel zu den ehemaligen Bunkern unter den Ministergärten und inszenierte eine gründliche Bestandsaufnahme und Vermessung aller noch vorhandenen »untertägigen Anlagen«. Etwaige Verbindungen nach West-Berlin entdeckte man nicht, fand aber im Vorbunker Teile von Goebbels Tagebüchern. Im Führerbunker hatten die sowjetischen Sprengungen lediglich zum Einsturz der massiven Decke und aller Zwischenwände geführt. Erst die überraschenderweise auch von unabhängigen Zeugen dokumentierte Tiefenenttrümmerung im Zusammenhang mit einem Neubaugebiet an der

Wilhelmstraße führte 1988 zur endgültigen Beseitigung der Bunkeranlagen. In einer Tiefe von acht Metern verblieben nur die 2,5 Meter dicke Bodenplatte und Teile der Außenwände im Boden und wurden hohlraumfrei überdeckt. Diese Reste liegen unter der heutigen Gertrud-Kolmar-Straße und unter dem Freigelände hinter dem Plattenbau Wilhelmstraße 92.

Flucht- und Spionagetunnel

Ein Kapitel über das unterirdische Berlin wäre nicht vollständig ohne die Erwähnung des Spionagetunnels von Altglienicke sowie die der Fluchttunnel aus der Mauerzeit. Dreißig Millionen Dollar soll der Stollen mit all seinen technischen Anlagen gekostet haben, den die Amerikaner bis Mitte der 1950er Jahre von einer als Radarstation getarnten Basis in Rudow aus vorgetrieben hatten, um die sowjetischen Nachrichtenkabel anzuzapfen. Mehr als ein Jahr lang ging das auch gut, bis am 22. April 1956 plötzlich sowjetische Pioniere in die (unter dem Ost-Sektor gelegene!) Abhörzentrale eindrangen und Amerikaner und Briten sich erschrocken zurückzogen. Sie ahnten nicht, dass der sowjetische »Kundschafter« George Blake ihre »Operation Gold« schon vor Baubeginn an die Russen verraten hatte. Die hatten lange stillgehalten, um ihre Spitzenquelle nicht zu enttarnen. Der Tunnel wurde nach einer entsprechenden östlichen Propagandakampagne zugeschüttet; Teile davon sind heute im Alliierten-Museum zu besichtigen.

Viel wichtiger als dieser Abhör- und Propagandatunnel wurden für manche Berliner die Tunnelbauten nach dem 13. August 1961. Nachdem etwa 250 Personen durch die Kanalisation geflüchtet waren, sperrte die DDR diese letzte unterirdische Verbindung zwischen Ost und West. Ost-Berliner versuchten nun, durch selbstgegrabene Fluchttunnel zu entkommen. Insgesamt dreißig solcher Bauwerke nennt Berlins Untergrundspezialist Dietmar Arnold, von denen jedoch nur acht erfolgreich genutzt wurden, darunter ein »Seniorentunnel« zwischen Glienicke und Frohnau, den betagte Hausbewohner gegraben hatten. Bekannt wurde der Friedhofstunnel von Pankow-Schönholz, der so lange benutzt wurde, bis eine Frau an der als Einstieg benutzten Grabstelle einen Kinderwagen stehen ließ. Durch den Tunnel 57 unter der Bernauer Straße flüchteten 57 Personen in den Westen. Bei der Entdeckung dieses erfolgreichsten Tunnels kam der DDR-Grenzer Egon Schultz ums Leben – als Opfer eines Querschlägers aus der Dienstpistole seines Genossen, wie man heute weiß. Nachträgliche Berühmtheit erlangte der Tunnel 29 von der Bernauer bis in die Schönholzer Straße, dessen Geschichte die NBC verfilmte.

Die letzte Tunnelflucht glückte drei jungen Ost-Berlinern Anfang der 1970er Jahre, deren Tunnel im heute als Veranstaltungsort genutzten »E-Werk« begann.

Tunnelgangster

Man kann unmöglich über die Geschichte der Berliner Unterwelt im kriminellen wie im bautechnischen Sinn schreiben, ohne auf die bereits angedeutete Tradition jener Berliner Tunnelspezialisten einzugehen, welche die – im Film wiederauferstandenen – Gebrüder Saß begründeten. Diese knackten nach mancherlei Misserfolgen – einmal hielten sie die neun

Millionen Reichsmark, die als Rate für die Reparationszahlungen an Frankreich bereitlagen, schon fast in Händen – im Januar 1929 den Tresor der Depositenkasse der Discontogesellschaft in der Kleiststraße 23 am Wittenbergplatz einschließlich der privaten Schließfächer. Der Bank gelang der Zugang zum beschädigten Tresor erst nach drei Tagen – genügend Vorlauf für die gerissenen Brüder. Jeder, auch die Kripo, wusste, wer die Täter waren, die aus dem Keller einen Tunnel an der Grundmauer entlang zum Lüftungsschacht gegraben hatten. Trotz der hohen Belohnung von 42000 Reichsmark fand die Polizei keine Beweise gegen die Brüder Saß, die nach ihrer Freilassung eine Pressekonferenz gaben. Im Dezember fand man auf dem alten Luisenfriedhof in Charlottenburg ihr unterirdisches Versteck – natürlich leer.

1933 verzogen sich Franz und Erich Saß nach Kopenhagen, wo sie neue raffinierte Coups planten und erfolgreich testeten. In Berlin führte die Entdeckung des leeren Safes, von 3000 dänischen Kronen und einem Feingoldbarren in der Einzimmerwohnung ihrer Eltern in der Moabiter Birkenstraße zu einem neuen Haftbefehl. Als sie im März 1938 nach einer dreijährigen Haftstrafe an der dänisch-deutschen Grenze ihrem langjährigen Jäger, Kriminalsekretär Max Fabich, übergeben wurden, war ihr Schicksal besiegelt. Alle Täuschungsmanöver bezüglich des Verstecks waren vergebens; sie wurden im Januar 1940 zu 13 bzw. 11 Jahren Zuchthaus und anschließender Sicherungsverwahrung verurteilt. Am 27. März 1940 holte SS in Zivil sie aus dem Zuchthaus Brandenburg ab und erschoss sie »auf der Flucht«.

Was Hartnäckigkeit und Gerissenheit angeht, so fanden die Brüder Saß rund 23 Jahre nach ihrem großen Coup würdige Nachfolger. Noch fünfzig Jahre nach dem »Bruch« – so der Filmtitel der leicht verfremdeten Story – konnte man in der Ruine Charlottenstraße nahe der Ecke Unter den Linden eine Tür besichtigen, die den Räubern des größten Bankraubs in der Ost-Berliner Geschichte als Eingang zu ihrem gemieteten Abstellraum gedient hatte. Von dort aus drangen sie in der Nacht zum 7. November 1951 in den unterirdischen Tresor der Reichsbahnkasse ein und erleichterten ihn um rund 1,7 Millionen Ost- und 225 000 Westmark, von denen sich ganze 142 000 Ost- und 81 000 Westmark wieder anfanden. Erwin Pannewitz, der das ganz große Ding seit 1949 geplant hatte (und seine Arbeitsweise durch angesengte Geldscheine verriet), wurde nach langer Fahndung in West-Berlin zu neun Jahren Zuchthaus verurteilt und kam 1962 frei. Im Osten hielt sich hartnäckig das Gerücht, er habe mit dem Geld in der Schweiz ein Hotel erworben.

So leicht war es im Westen nicht, ans große Geld zu gelangen, doch als am 27. Mai 1965 die West-Berliner die Straßen der Stadt säumten, um die britische Königin Elisabeth II. zu empfangen, knackten zwei gwiefte Schränker in aller Ruhe den Hertie-Tresor in der Wilmersdorfer Straße. Wie sich herausstellte, hatten sie sich am Tatort sogar in aller Ruhe Kaffee gebrüht.

Am 27. Juni 1995 drangen vier schwerbewaffnete Männer in die Commerzbank-Filiale in der Breisgauer Straße im Nobelortsteil Zehlendorf ein, nahmen 16 Angestellte und Kunden als Geiseln und forderten 17 Millionen Mark Lösegeld, ein Fluchtfahrzeug und einen Hubschrauber. Fast 17 Stunden verhandelte die Polizei mit den Gangstern, bis endlich das Spezialeinsatzkommando das Gebäude stürmte. Was die Polizei nicht ahnte: Nachdem die Räuber Bank und private Schließfächer um Schmuck und rund 16 Millionen Mark erleichtert hatten, sprengten sie ein Loch in den Kellerboden der Bank und flüchteten durch einen Tunnel, den sie von einer Garage aus bis zur Bank gegraben hatten. Kaum vier Wochen nach dem dreisten Raub verhaftete die Sonderkommission »Coba« fünf Tatverdächtige: die Syrer Khaled und Moutaz Al Barazi, Dergham Ibrahim, Mohamad El Karmi und den Deutschen Sebastian Vierrath. Im Juli 1996 verurteilte das Landgericht Berlin die fünf zu Haftstrafen zwischen 6 und 13 Jahren. Der mutmaßliche »Schatzmeister« der Bande, der Zahnarzt Bassam Karah-Joli, soll Kontakte zum Umfeld des internationalen Terroristen Carlos und zu dessen rechter Hand Johannes Weinrich unterhalten haben und gilt als ehemaliger Stasi-Informant. Er setzte sich während seiner Haftverschonung vermutlich in den Libanon ab, wo auch Dergham Ibrahims Bruder Ali gesehen wurde, geschmückt mit einer dicken Goldkette aus einem der Berliner Schließfächer. Auf dem Dachboden von Karah-Jolis Haus in Wusterwitz hatten die Ermittler 3,6 Millionen Mark gefunden, weitere 1,4 Millionen in zwei Verstecken im Ausland. Der Schmuck und rund zwei Drittel der vermuteten Beute – offiziell mit nur 2,2 Millionen Mark angegeben! – blieben bis heute verschwunden.

Dass solche bösen Beispiele Schule machen, versteht sich. Der Inhaber eines Schmuck- und Uhrengeschäfts in der Berliner Allee in Weißensee musste feststellen, dass seine Stamm-Einbrecher bei ihrem elften Versuch offensichtlich von den Zehlendorfer Gangstern gelernt hatten. Die Täter hatten diesmal einen Keller aufgebrochen und ein Loch in die verputzte Ziegeldecke geschlagen. Beute machten sie dennoch nicht. Ein Bewegungsmelder hatte die Aktion per Alarmglocke einem privaten Wach- und Sicherheitsdienst gemeldet.

Nur bedingt zu den Tunnelgangstern zu rechnen ist der

Lackierer und heutige Autor und Grafiker Arno Funke. Unter dem Decknamen Dagobert hielt er zwischen 1992 und 1994 die Stadt, vor allem aber die Kripo in Atem. 1988 hatte er vom KaDeWe 500 000 Mark erpresst und seiner Forderung mit einer Bombe Nachdruck verliehen. Als das Geld alle war, versuchte er, vom Kaufhauskonzern Karstadt 1,4 Millionen Mark zu erpressen und setzte wiederum Bomben ein, die allerdings nie jemanden verletzten. Für die Geldübergaben ließ er sich immer wieder raffinierte Varianten auch aus dem Untergrund einfallen. Der Geschicklichkeit, dabei stets haarscharf dem Zugriff zu entgehen, verdankte er seine Popularität, die auch nach seiner Verhaftung im April 1994 in Johannisthal anhielt. Zu neun Jahren Haft verurteilt, wurde er wegen guter Führung nach sechs Jahren und vier Monaten entlassen. Schon während seiner Haft war er als begabter Karikaturist für den *Eulenspiegel* tätig, in dem man noch immer seine Zeichnungen findet. Die Schadenersatzforderungen der Kaufhaus-Konzerne lassen ihm nicht viel von den Honoraren.

Erfolgreicher agierten jene Räuber, die in elfmonatiger Arbeit einen Tunnel bis zum Tresorraum der Steglitzer Volksbank vortrieben, den Beton fachmännisch mit einem Spezialbohrer knackten und im Januar 2013 rund 300 Schließfächer ausraubten. Der Schaden wurde mit etwa 10 Millionen Euro beziffert. Weder die ausgesetzte Belohnung von 50 000 Euro noch die 800 Hinweise aus der Bevölkerung führten zu einer Aufklärung des Verbrechens.

Beim spektakulären Raub einer der größten Goldmünzen der Welt aus dem Bode-Museum kamen die Täter am 27. März 2017 ganz ohne Tunnel aus: Sie benutzten die S-Bahn-Trasse und transportierten das bis heute verschwundene 100-Kilogramm-Stück mit einer Schubkarre ab.

Eine schaurige Bilanz: Politische Verbrechen

Politische Morde

Eine zuverlässige Quelle für gewaltsame oder ungeklärte Todesfälle sind die Archivbücher des Berliner Leichenschauhauses, in denen sich die erschreckende Bilanz des 20. Jahrhunderts widerspiegelt. Beispiel: Der Fall der KPD-Gründer Rosa Luxemburg und Karl Liebknecht, die am 15. Januar 1919 ums Leben kamen. Die Rechtsmediziner bewiesen: Es war heimtückischer Mord.

»Erschossen« lautet die Eintragung mit der Nummer 162/19 für Karl Liebknecht. Deutlicher wurde der damalige Institutschef, Prof. Fritz Strassmann, in einem Vortrag vor Kollegen. Er widerlegte die Behauptung der Mörder, der mit einem Kolbenhieb niedergestreckte Karl Liebknecht sei am Großen See im Tiergarten auf der Flucht erschossen worden. Der Schuss, der hinten links in Liebknechts Kopf eindrang, deute eher auf eine Hinrichtung. Der Schütze, Kapitänleutnant Horst von Pflugk-Harttung, wurde nie bestraft.

Gemeinsam mit Liebknecht war auch Rosa Luxemburg ins Eden-Hotel an der Budapester Straße verschleppt und dort niedergeschlagen worden. Ein Mordkommando der Freikorps warf die Bewusstlose in ein Auto, wo sie vom Marineoberleutnant Herrmann Souchon mit einem Kopfschuss getötet wurde. Da es unglaubwürdig klang, dass die zierliche und leicht gehbehinderte Frau hätte fliehen wollen, warfen die Meuchler die Leiche in den Landwehrkanal, wo sie erst Ende Mai gefunden wurde.

Gustav Noske (einer muss der Bluthund sein!), als sozialdemokratischer Reichswehrminister mitverantwortlich für die Morde, wusste deren Aufklärung zu verhindern. Ein Militärgericht unter seinem Adjutanten, dem späteren Abwehrchef der Hitler-Wehrmacht, Wilhelm Canaris, sprach die Angeklagten frei und sorgte damit von Anfang an für eine vergiftete Rechtsatmosphäre in der jungen Republik.

Eine ähnliche Prozessfarce spielte sich um den Oberleutnant Otto Marloh ab, der am 11. März 1919 mindestens 28 Matrosen erschießen ließ, die zuvor unter der Vorspiegelung des Soldempfangs in die Französische Straße gelockt worden waren. Am 7. November 1919 starb Hugo Haase, Fraktionsvorsitzender der USPD in der Nationalversammlung, an den Folgen eines Attentats.

Als am 24. Juni 1922 in der Königsallee in Grunewald Schüsse fielen und eine Handgranate explodierte, war das Opfer der liberale Außenminister Walter Rathenau, gegen den sich die rechtsgerichtete Offizierskamarilla verschworen hatte. Die Täter flohen und starben auf der Burg Saaleck bei Naumburg. Diesmal wurden wenigstens einige Hintermänner dieses 354. von Rechtsextremisten begangenen Verbrechens belangt. Nur zehn Tage später verübte ein Ex-Oberleutnant ein Attentat auf den Publizisten Maximilian Harden, der schwer verletzt wurde.

Doch auch die Nationalsozialisten sollten ihren Märtyrer haben. Am 14. Januar 1930 wurde in seiner Wohnung in der Großen Frankfurter Straße der 23-jährige SA-Sturmführer Horst Wessel durch Schüsse schwer verletzt und starb am 23. Februar. Der Täter, Ali Höhler, war Mitglied eines Berliner Ringvereins und des (verbotenen) Rotfrontkämpferbundes. Die Gerüchte, dass Wessel in einer Auseinandersetzung wegen der mit ihm zusammenlebenden Prostituierten gestorben sei, wollten nicht verstummen. In Wahrheit wollten die kommunistischen Stammgäste des Lokals »Bär« Wessels Wirtin, der Witwe eines ehemaligen KP-Genossen, einen Gefallen tun, die mit Wessel wegen der Miete im Streit lag.

Die Rache der Nationalsozialisten nach ihrem Machtantritt fiel furchtbar aus. Fast alle im Wessel-Prozess Angeklagten wurden umgebracht. Am 21. Juni 1933 durchkämmten SA-Stürme die roten Viertel von Köpenick und Friedrichshagen und verschleppten etwa 200 Personen, von denen 91 die bestialischen Folterungen in den SA-Kellern nicht überlebten. Der Gewerkschaftssekretär Johann Schmaus wurde in seinem eigenen Haus aufgehängt – sein Sohn verteidigte sich und erschoss drei der SA-Täter, überlebte die Misshandlungen jedoch nicht. Zwischen Köpenick und Hirschgarten tragen heute viele Straßen die Namen der damals Ermordeten, darunter auch den des Reichstagsabgeordneten Johannes Stelling (SPD).

Hitler schreckte aber auch nicht davor zurück, den Mord als Mittel politischer Auseinandersetzung in die eigenen Reihen zu tragen. In der Nacht der langen Messer am 1. Juli 1934 wurden in einer von Hermann Göring befehligten »Säuberungsaktion« mindestens 77 SA-Führer und Gegner aus dem christlichen und konservativen Lager ermordet. Die politische Justiz lag seit 1933/34 vorzugsweise in den Händen des »Volksgerichtshofs« in der Bellevuestraße und bei den bis zu neun Berliner Sondergerichten. Besonders in den Kriegsjahren verschärfte sich deren »Rechtsprechung« gegen »Volksschädlinge« und wegen Verstößen gegen das Heimtückegesetz, wobei der Volksgerichtshof ständig die zu milden Urteile der Sondergerichte rügte. Der Ausspruch »Hitler kann mich am Arsch lecken« wurde 1939 beispielsweise mit »nur« sechs Monaten Gefängnis geahndet, »Himmler ist ein Arsch mit Ohren« ein Jahr später sogar nur mit fünf Monaten. Gleichwohl sprachen auch die Sondergerichte zahlreiche Todesurteile aus; vom Volksgerichtshof – berüchtigt vor allem durch seinen schaurigen Vorsitzenden Roland Freisler, der kurz vor Kriegsende bei einem Bombenangriff starb – sind 5243 Todesurteile nachgewiesen.

Kalter Krieg und heiße Zeiten

Mancher ältere West-Berliner wird die sowjetische Blockade der Stadt vom Juni 1948 bis zum Mai 1949 in schauriger Erinnerung haben. Anderen, zum Beispiel den Bewohnern von Stolpe im Norden der Stadt, mag der Wechsel der Besatzungsmacht noch schlimmer erschienen sein. Für den Ausbau eines Flughafens hatten die Sowjets den Franzosen 1947 Platz gemacht. Die jedoch bauten ihren Flugplatz in Tegel und sprengten dort im Dezember 1948 die Sendetürme des Ost-Rundfunks. Prompt rückten die Russen wieder in Stolpe ein.

In der kleinen, zum amerikanischen Sektor gehörenden Exklave Steinstücken unternahm die Volkspolizei am 18. Oktober 1951 den Versuch einer Besetzung. Die Amerikaner wussten sie zu verhindern. Im Februar des gleichen Jahres war Weststaaken gegen einen Gebietsteil bei Gatow von Spandau abgetrennt und zur DDR geschlagen worden, wo es bis zu deren Ende verblieb.

Eine schaurige Erinnerung an den Kalten Krieg stellen die zahlreichen Entführungen und Verschleppungen dar. Im Rundfunkprozess von 1951 gelang es Ost-Berlins Staranwalt

Prof. Kaul noch, Gladewitz und weitere Mitarbeiter des DDR-Rundfunks – der bis zum Sommer 1952 in der West-Berliner Masurenallee residierte – vor dem Moabiter Schwurgericht vom Vorwurf der Verschleppung zweier Wismut-Kumpel in den Ostsektor freisprechen zu lassen. Dennoch ist die Liste der Entführungsopfer lang. Dr. Walter Linse, Mitarbeiter des im Osten (und später auch im Westen) berüchtigten Untersuchungsausschusses freiheitlicher Juristen, wurde am 8. Juli 1952 vor seiner Wohnung in Lichterfelde in ein Auto gezerrt und in den Osten verbracht. Jahrzehntelang bestritten DDR und Sowjets, von Linse zu wissen. Erst spät gaben die Russen Linses Hinrichtung in Moskau im Dezember 1953 zu.

Ein weiteres Opfer war der ehemalige Generalinspekteur für politische Schulung in der (Ost-)Deutschen Verwaltung des Innern, Robert Bialek, ein junger Kommunist, der fünf Jahre NS-Haft überstanden hatte und über FDJ und SED in die hohe Polizeifunktion aufstieg. Nach 1948 mehrfach gemaßregelt, wurde er 1952 aus der SED ausgeschlossen. Desillusioniert verließ er die DDR und wurde in West-Berlin aktiv. Nach einer fingierten Geburtstagsfeier entführte ihn die Stasi im Februar 1956 gen Osten. Ohne Anklage und Prozess starb Bialek unter bis heute ungeklärten Umständen.

Zu den Opfern politischer Auseinandersetzungen zählen auch die Toten des Aufstandes vom 17. Juni 1953, deren genaue Zahl nie festgestellt worden ist. Sowjetmarschall Gretschko meldete fünfzig durch sowjetische Soldaten und ostdeutsche Polizei Getötete nach Moskau, dazu 18 standrechtlich Erschossene.

Nach dem Mauerbau am 13. August 1961, stieg die Zahl der an dieser Grenze Umgekommenen steil an. Weit über hundert Menschen starben an der Mauer in und um Berlin.

Doch auch in West-Berlin wurden Menschen aus politischen Gründen umgebracht. Der Student Benno Ohnesorg, am Rande der Anti-Schah-Demonstration am 2. Juni 1967 von dem Kriminalobermeister Karl-Heinz Kurras von hinten erschossen, ist das bekannteste Opfer auf dieser unrühmlichen Liste. Kurras wurde freigesprochen. Wie sich vierzig Jahre später herausstellte, war er insgeheim SED-Mitglied und Informeller Mitarbeiter der Stasi.

Am 11. April 1968 schoss ein 23-jähriger Anstreicher aus Peine am Kurfürstendamm auf den Studentenführer Rudi Dutschke und verletzte ihn lebensgefährlich. 1979 starb Dutschke an den Spätfolgen dieses Attentats.

In der Nacht vom 4. zum 5. Juni 1974 starb im Grunewald der 22-jährige Student Ulrich Schmücker, als »Verräter« erschossen von einem »Kommando Schwarzer Juni«. Es war der erste Fememord in der Geschichte der Bundesrepublik und ein wahres Debakel für den Berliner Verfassungsschutz. Der hatte von der Mordabsicht gegen seinen V-Mann »Kette« gewusst, verstand es jedoch in den 591 Verhandlungstagen der vier folgenden Strafprozesse, seine Aktionen wie sein Nichteingreifen erfolgreich zu verschleiern.

Hinter den nächsten Attentaten in Berlin steckten ebenfalls linksextremistische Gruppierungen der Rote Armee Fraktion (RAF), die im Dezember 1974 den Kammergerichtspräsidenten von Drenckmann ermordeten und am 27. Februar 1975 den CDU-Spitzenkandidaten Peter Lorenz entführten. Als die Bundesregierung sechs inhaftierte Genossen der RAF nach Aden ausfliegen ließ, kam Lorenz am 5. März frei.

Am 25. August 1983 erschütterte eine Explosion das französische Kulturzentrum Maison de France am Kurfürstendamm. Arabische Terroristen hatten diesen Sprengstoffanschlag verübt, um Gesinnungsgenossen aus französischer Haft zu befreien, und die »Geheimdienste bomben mit«, wie es in einem Bericht heißt. Das war beim nächsten Bombenanschlag ähnlich, der in der Nacht zum 5. April 1986 in der Diskothek »La Belle« in der Schöneberger Hauptstraße verübt wurde und bei dem drei Menschen starben. Libyen, von Anfang an angeklagt, bekannte sich Jahre später zu der Tat und zahlte für die Opfer eine Entschädigung.

Nach 1990 lebten vor allem in Ost-Berlin die alten Kämpfe zwischen den Linken und den neuen Nationalsozialisten wieder auf. Am 21. November 1992 wurde der 27-jährige Silvio Meier im U-Bahnhof Samariterstraße von jungen Neonazis erstochen, ein weiteres Opfer in einer langen schaurigen Reihe.

Anhang

Literatur

Arnold/Salm: Dunkle Welten. Bunker, Tunnel und Gewölbe unter Berlin, Berlin 1998

Behling, Klaus: Berlin im Kalten Krieg, Berlin 2007

Behling/Eik: Lautloser Terror, Leipzig 2009

Dies.: Vertuschte Verbrechen, Leipzig 2007

Berger, Joachim: Berlin – freiheitlich und rebellisch, Berlin o. J.

Berliner Bezirkslexikon Mitte, Berlin 2001

Berliner Straßennamen Mitte, Berlin 1995

Berlinische Monatsschrift, Berlin 1992 ff.

Berlins (un)heimliche Sehenswürdigkeiten, Berlin o. J.

Boberg/Fichter/Gillen: Industriekultur in Berlin, München 1986

Boehncke/Sarkowicz: Die Metropole des Verbrechens, Frankfurt/Main 1997

Borrmann, Richard: Bauwerke und Kunstdenkmäler von Berlin, Berlin 1982

Bortfeld, Wolfram: Deckname »Kette«, Hamburg 1992

Bosetzky, Horst: Wie ein Tier, Berlin 1995

Ders.: Der kalte Engel, 2002

Ders.: Die Bestie vom Schlesischen Bahnhof, 2004

Bosetzky/Eik: Haste schon jehört? Berliner Merk- und Denkwürdigkeiten, Berlin 2005

Brendicke, Hans: Führer durch Alt-Berlin, Berlin 1921

Brenner, Wolfgang: Stieber. Roman, Frankfurt/Main 1997

Cyran, Eberhard: Das Schloss an der Spree, Berlin 1995

Die weiße Frau, Berlin 1798

Drewitz, Ingeborg: Märkische Sagen, Düsseldorf/Köln 1979

Dronke, Ernst: Berlin, Berlin 1987

Ehrenbuch der Opfer von Berlin-Plötzensee, Berlin 1974

Eik, Jan: Die schwarze Dorothea, Berlin 2005

Ders.: Besondere Vorkommnisse, Berlin 2006

Ders.: In der Falle, Berlin 2010

Ders.: Trügerische Feste, Berlin 2006

Erler/Knabe: Der verbotene Stadtteil. Stasi-Sperrbezirk Berlin-Hohenschönhausen, Berlin 2006

Ermann, Hans: Berliner Geschichten Geschichte Berlins, Tübingen 1980

Etzold, Alfred u. a.: Jüdische Friedhöfe in Berlin, Berlin 1987

Fahr, Margitta-Sybille: Pitaval Scheunenviertel, Berlin 1995

Feldmann, Sylvia: Weiße Frau und Wassermann, Berlin 2000

Feraru, Peter: Muskel-Adolf & Co, Berlin 1995

Feustel, Jan: Raub und Mord im Kiez, Berlin 1996

Fidicin, Eduard: Geschichte Berlins, Berlin 1842

Friedrich, Jörg: Der Brand, Hamburg 2007

Galliner, Nicola (Hg.): Wegweiser durch das jüdische Berlin, Berlin 1987

Geserick/Vendura/Wirth: Zeitzeuge Tod, Leipzig 2002

Harder, Alexander: Kriminalzentrale Werderscher Markt, Bayreuth 1963

Heinrich, Wolfgang: Meister der Kriminalistik, Berlin 1967

Herrmann, Klaus: Neuköllner Pitaval, Berlin 1994

Hertslet/Hofmann: Der Treppenwitz der Weltgeschichte, Augsburg 2006

Hoffmann, Joachim: Friedrichsfelde. Ein deutscher Nationalfriedhof, Berlin 2001

Hubbertz, Erich: Catharina Gräfin von Wartenberg, Emmerich 1986

Jahntz/Kähne: Der Volksgerichtshof, Berlin 1986

Kaiser/Moc/Zierholz: Das Richtschwert traf..., Berlin 1979

Dies.: Ein schöner Sarg und keine Leiche, Berlin 1983

Dies.: Nach Spandow bis zur Beßerung, Berlin 1983

Dies.: Der Henker in der Staatskarosse, Berlin 1987

Kaul, Friedrich Karl: Es knistert im Gebälk, Berlin 1961

Ders.: Verdienen wird groß geschrieben, Berlin 1962

Ders.: Von der Stadtvogtei bis Moabit, Berlin 1967

Ders.: So wahr mir Gott helfe, Berlin 1970

Ders.: Prozesse, die Geschichte machten, Berlin 1988

Kellerhoff, Sven Felix: Mythos Führerbunker, Berlin 2003

Kieling, Uwe: Berlin. Baumeister und Bauten, Berlin 1987

Kiessig, Inge: Berliner Sagen, Berlin 1990

Kießling, Wolfgang: Leistner ist Mielke, Berlin 1998

Kisch, Egon Erwin: Mein Leben für die Zeitung, Berlin 1983

Knobloch, Heinz: Alte und neue Berliner Grabsteine, Berlin 2000

Kordon, Klaus: Der Ritter im Sack, Berlin 1987

Koschka, Emil: Berliner Sitte(n), Berlin 1981

Kroll, Frank-Lothar (Hg.): Preußens Herrscher, München 2000

Lange, Annemarie: Berlin zur Zeit Bebels. Zwischen Reichsgründung und Jahrhundertwende, Berlin 1980

Lederer, Franz: Schönes altes Berlin

Leonhardt/Schurich: Berlin mörderisch, Berlin 1999

Liang, Hsi-Huey: Die Berliner Polizei in der Weimarer Republik, Berlin 1977

Löwenthal, Heinrich: Der goldene Galgen, Berlin 1951

Ders.: Der verschwundene Lord, Berlin 1952

Ludwig, Hans: Altberliner Bilderbogen, Berlin 1987

Malzacher, Werner W.: Berliner Gaunergeschichten, Berlin 1970

Mende, Hans-Jürgen (Hg.): Berlin Kalender 1994 ff.

Meyer, Karen: Die Flutung des Berliner S-Bahn-Tunnels, Berlin 1992

Meyer's neues Konversations-Lexikon, Hildburghausen 1869 ff.

Missmann, Max: Alt-Berlin. Historische Fotografien, Leipzig 1987

Mittmann, Wolfgang: Aktion Roland, Berlin 1999

Ders.: Gladow-Bande, Berlin 2004

Monke, Otto: Berliner Sagen und Erinnerungen, Leipzig 1926

Mostar/Stemmle (Hg.): Der Wolfsmensch, Lausanne o. J.

Neheimer, Kurt: Michael Kohlhaas, Berlin 1979

Nelson, Walter Henry: Die Hohenzollern, München 1996

Neumann, Hans-Joachim: Friedrich I., Berlin 2001

Neumann, Siegfried: Sagenhaftes Berlin, Kreuzlingen/München 2000

Nicolai, Friedrich: Beschreibung der königl. Residenzstadt Berlin 1786

Pollack, Hans: Tatort Mulackritze, Berlin 1993

Ders.: Tatort Sektorengrenze, Berlin 1994

Pomplun, Kurt: Das Große Berlin-Buch, Berlin 1985

Ders.: Berlins alte Sagen, Berlin 1985

Rasch, Gustav: Berlin bei Nacht, Berlin 1986

Rebiger, Bill: Das jüdische Berlin, Berlin 2007

Schäche, Wolfgang: Das Zellengefängnis Moabit, Berlin 1992

Schimmler, Bernd: Recht ohne Gerechtigkeit, Berlin 1984

Schmidt, Jacob: Sammlung Berlinischer Merck- und Denckwürdigkeiten, Berlin 1730

Schmidt, Maximilian: Julius Krautz, Berlin 1893

Schneider, Wolfgang: Berlin, Leipzig/Weimar 1980

Schüler/Zoppa: Zugriff!, Leipzig 2002

Sling: Richter und Gerichtete, Berlin 1929

Ders.: Der Fassadenkletterer vom Kaiserhof, Berlin 1989

Steinborn/Krüger: Die Berliner Polizei 1945–1992, Berlin 1993

Steinmann, Carl-Peter: Von wegen letzte Ruhe!, Berlin 2001

Streckfuß, Adolf: 500 Jahre Berliner Geschichte, Berlin 1900

Stürickow, Regina: Mörderische Metropole, Leipzig 2004

Topographie des Terrors – Eine Dokumentation, Berlin 1989

Wolf, Tom: Rabenschwarz. Zepter und Mordio, Berlin 2002

Worm, Hardy: Rund um den Alexanderplatz, Berlin 1981

Personenregister